今を生きる思想

ショーペンハウアー

欲望にまみれた世界を生き抜く

梅田孝太

現代新書
100
HUNDRED

講談社現代新書
2678

はじめに

苦しみに満ちた人生

「運命がカードを切り、わたしたちが勝負する」——。ショーペンハウアーによれば、人生はいつも思いどおりにはならず、ぎりぎりの勝負の連続である（『幸福について』第五章第四八節、邦訳三二八頁）。

わたしたちは、生きる目的など見出せないままに、やってくる課題にひたすら対処し続け、与えられた状況のなかで最善の一手を模索し、時には失敗しながらも、日々をかろうじて生きている。もちろん、未来を正確に予測することなどできはしない。わたしたちの頭脳はそこまで賢明ではない。内なる衝動のようなもの、研ぎ澄まされた本能的なカンにしたがって選択肢を選ぶほかない。明日、勝負に負けるのは自分かもしれない。

現代社会はとにかく生きづらい。昨今は、いよいよ厳しく勝者と敗者が分かれてしまう状況にある。運命が用意する手札は、多くの人にとって、あまりに貧相なものばかりだ。こんなことなら生まれてこないほうがよかった。そう口にする若者が増えている。この考えは「反出生主義」とも呼ばれ、大きな議論を呼んでいる（第四章で詳述する）。

国内の状況を一瞥するだけでも、出口のない生きづらさが現実の問題となって横たわっていることがわかる。少子高齢化に歯止めはかからない。気候変動問題によって、将来の経済発展に期待はもてない。地域間で、世代間で、格差は広がり続けている。多くの人がもはや家庭を築くことを望めないほどに賃金水準は低いままで、政治不信も募る一方だ。生まれを努力によって凌駕することは、一部の例外をのぞけばほとんど不可能なことにさえ思える。

世界に目を向けてみても、格差と対立がさまざまな場面で大きな亀裂を生じさせていて、セーフティネットが十分に機能していない。流行に乗り遅れ、既得権益にもありつけず、「自分らしさ」を上手くお金に換えられなかった人々は、社会のお荷物として見下され、自己責任だと言われながら、一方的に搾取されている。

もちろん、経済的な豊かさだけが人生の目標ではないだろう。「自分らしく生きること」は、経済的に豊かになって自分の欲望を満足させることと同義ではない。だが、わたしたちがこの社会で生きていくための原動力は多くの場合、欲望である。何かを手に入れたい、周囲の人や世間からよく思われたいと願うからこそ、わたしたちは日々努力し続ける。生きていくためには、欲望は不可欠の活力源である。

欲望があるからこそ、それが叶わないときの挫折があり、苦しみがある。誰もが自分の欲望の満足を優先させようとするのだから、欲望が動かしている社会には必ずと言っていいほど格差や分断が生まれ、貧困と搾取が生じてしまう。このような社会では、自分が豊かになったとき、必然的に別の誰かが犠牲になっている。わたしたちは日々、そのような勝負に巻き込まれている。

人生は苦しみである。こう聴くと、「私は今そう感じていない」、「私の人生は幸せだ」と言い返したくなる人もいることだろう。だが、それは主観的な思い込みというものではないだろうか。その主張は、正確に言えば、「現時点で私は苦しみを感じていない」、ということだろう。現時点ではかろうじて選択を間違えずに済んでいるだけで、実は、次の瞬間にも大切な何かが失われてしまうかもしれない。本当は誰もが知っているはずだ。この世は理不尽にできている。努力はいつでも報われるわけではない。犯罪や災害、病気、そして死は、誰にとってもすぐそばにある。

本書で考えていくのは、客観的に理解すれば、人生は本質的に苦しみである、ということについてである。もちろん誰もそんなことを理解したくはないだろう。だが、いつまでも目を逸らし続けるわけにはいかない。大切なものを失ってしまったら、明日の勝負で負けてしまったら、いやでも客観的な現実を直視することになるのだから。それゆえ、人生について客観的に――哲学的に考えておくことが必要なのである。

はたして、生きていくとはどういうことなのか。苦しみに満ちた人生を、いかに生きるべきか。こうした問題に取り組んだ先駆者が、一九世紀ドイツの哲学者ショーペンハウアー（一七八八〜一八六〇年）である。その主著『意志と表象としての世界』で示された思想は、生の峻厳なる本質を明らかにしようとするものであり、究極的には「意志の否定」に至るものである。生きることは苦しみだという主張で有名なので、その思想はペシミズムだとよく言われる。また、一般的には『読書について』など、鋭い箴言《しんげん》が今日でも読み継がれている。

生きる苦しみからいかに解放されるか

今、ショーペンハウアーを読む意義の一つは、人生の勝負からいったん離れて、人生とはそもそも何なのかを客観的に考えることができるような、哲学的な思考空間を頭の中にしつらえることができるということにある。これは、とりわけ生きづらさに拍車がかかった現代社会に生きる者にとって一種の救いになるような、哲学書を読むことの重要な意義の一つだといえる。ただし、こうした思考空間の確保という意義は、ほとんどいかなる西洋哲学にも見出すことのできるものだといえるだろう。

だが、ショーペンハウアー哲学の思考空間には、他に類を見ない傑出した特長がある。

ショーペンハウアー哲学は、西洋の伝統に根ざしながらも、その中心思想に西洋思想史上初めて古代インド哲学や仏教思想を取り入れた哲学であり、いまや世界中で読者を獲得し、いわば世界哲学としての地位を得た稀有な哲学なのである。その真骨頂が「意志の否定」であり、ショーペンハウアーが思索の果てに見出したのは、生きる苦しみから解放される「解脱《げだつ》」の境地だった。これがショーペンハウアー哲学の比肩するもののない特色であり、色あせることのない魅力である。

本書はショーペンハウアー哲学の入門書である。とりわけ、読者が生の本質についてショーペンハウアーと共に考えていけるような本にすることを目指して、その哲学のエッセンスを抽出することにした。

「求道の哲学」と「処世の哲学」

このような本を書こうと思ったのは、欲望を原動力としてきた現代社会が、そしてそれを動かしている人々の心が、いよいよ限界に達しようとしていると思えてならないからだ。資本主義の仕組みは、どこまでも発展し続けることを前提としている。すなわち、絶えず利潤を求め、次々に新しいものを開発し続け、より豊かになることを目指して「経済を回す」のでなければ、資本主義社会は崩壊してしまう。

しかし、この社会で生きる者たちの多くは、幼い頃から出逢ってきた周囲の人々が次々に視界から消え、ドロップアウトしていく死屍累々の現状を目の当たりにし、欲望に駆り立てられ続けて生きることに、勝負し続けることに倦み疲れ、失望し、限界を感じているのではないだろうか。わたしたちは今こそ、ショーペンハウアー哲学を手がかりに、生の本質を見つめる必要があるのではないだろうか。

本書は、ショーペンハウアーが示した生きる苦しみとの向き合い方を、二通りの思想として示すものである。その一つが、主著『意志と表象としての世界』で提示された、徹底的な欲望の否定である。ショーペンハウアーは、生きる苦しみと向き合い、苦しみの源泉にほかならない欲望を否定し、エゴを超えていこうとする。彼が示したのは、厳しい否定による悟りの境地――「意志の否定」を終着点とする、〈求道の哲学〉である。

ショーペンハウアーの言葉は厳しいばかりではない。いわば飴と鞭のように、読者を叱咤激励しながらも、その心に寄り添って理解を示し、その苦しみをユーモアを交えて代弁し、人生の指針を考えるためのヒントを与えてくれる。だからこそ、人生の悩みに効く思想として、現代に至るまで読み継がれてきたのだといえる。

ショーペンハウアー哲学のそうした側面を本書では〈処世の哲学〉として特徴づける。彼の晩年の書『余録と補遺』は、主著とはかなり趣が異なっている。もちろん、主著の

「補遺」なのだから、思想の核心が「意志の否定」にあるという点は変わっていない。だが、そこには主著には収められなかったメッセージが書かれている。主著が求道を勧める書であるのに対して『余録と補遺』は、「意志の否定」の重要性を理解できているために、欲望にまみれたこの世にうまく馴染めないけれども、それでも生きていかなければならない人のための処世の知恵として書かれている。そこでショーペンハウアーが示してくれるのは、心穏やかに生きるためになるべく欲望を「あきらめる」ことで苦悩を少なくしようとする思考法であり、どうにもならないことをどうにもならないと「あきらかにする」、処世の哲学である。

本書は以上のようなショーペンハウアー思想の二つの側面を対比したうえで後者の人生論にもしっかりとスポットライトを当てる点で、類書のないものになっている。また、本書の特徴として、ショーペンハウアーの哲学にふれることが「心のケア」になるということを明らかにしたいと思っている。哲学は古代ギリシア以来、伝統的に「魂の世話」だと考えられてきた。ショーペンハウアーもこの伝統の一員であり、彼の示した哲学は、とりわけ現代人が必要としている「心のケア」になりうる。

以上のコンセプトを実現するために、本書は四章構成とした。第一章ではショーペンハウアーの生涯について紹介し、彼がなぜ「意志の否定」を求めたのか、哲学者ショーペンハウアー誕生の瞬間に迫る。第二章では、主著『意志と表象としての世界』で示された〈求道の哲学〉の内容を見ていく。これと対になるものとして、第三章で『余録と補遺』の思想を〈処世の哲学〉と特徴づけて紹介する。以上の議論の応用編として、第四章ではショーペンハウアー哲学のアクチュアリティについて論じる。以上の構成によって本書は、峻厳なる哲学の道への導きであり、人生の悩みに効く処方箋でもあるショーペンハウアー哲学の核心に迫っていく。

目次

第二章　悲惨な生と「意志の否定」
——主著『意志と表象としての世界』における求道の哲学——　39

第三章　人生いかに生きるべきか
――晩年の『余録と補遺』に見る処世の哲学――　71

第四章　ショーペンハウアー哲学のアクチュアリティ

第一章　哲学者ショーペンハウアーの誕生

——その生涯と旅路

1 「意志の否定」の哲学者

人生のゴールはどこかにあるのだろうか。毎日必ず食べて、飲んで、寝て、死ぬまでその繰り返しが続く。家族と仲良く暮らし、たくさんの友だちとつきあい、学校で真剣に学び、かけがえのない恋人をつくり、好きな仕事を見つけ、幸せな結婚をし、素敵な住まいを整え、できればかわいい子どもをつくって――人間の欲望には限りがない。少しでも多くの欲望を満足させるために、わたしたちは日々を暮らす。

だが、生まれに恵まれなかったり、ふいに選択を誤ったりすれば、すぐに落伍者になってしまう。運命はいつも非情だ。無理解な他者はどこにでもいて、いつでも挫折はすぐ次の曲がり角で待っている。何かを成し遂げて楽しい思いをすることがあっても、必ず退屈がやって来て、幸福感は長続きしない。満たされることのない欲望に振り回され続ける人生には、ゴールというものがない。

生きることは苦しみにほかならない。哲学の主題として人間の「生の悲惨さ」を見つめ、このことを客観的に明らかにした哲学者が、ショーペンハウアーである。欲望に駆り立てられる人生の彼方にあるような、峻厳なる自由の境地を目指したい。そう考えるひとにとって、ショーペンハウアーは偉大な先駆者だといえる。ショーペンハウアーの哲学は、「意志の否定」の哲学である。すなわち、わたしたちを死ぬまで操り続ける「生きようとする意志」からの自由を求める哲学だ。ショーペンハウアーは、なぜ哲学者になり、このような自由を求めたのか。第一章では、ショーペンハウアー哲学の誕生の秘密に迫る。

憂鬱と暗黒の時代

ショーペンハウアーはどのような時代を生きていたのだろうか。一九世紀ドイツは、革命の夢が挫折して憂鬱さに覆われ、伝統的な道徳や社会システムも機能不全に陥り、先が見通せない暗闇の中にあった。

これに先立つ時代は、夢と希望に満ちた時代だった。一七八九年のフランス革命やその後のナポレオンの進軍は、旧体制の打倒と市民による革命の実現という夢をヨーロッパ中に与えたのである。人々は近代市民社会の一員として、これまでにない政治的な自由や統一的な秩序を実現できるはずだと期待に胸膨らませた。だれもが平等で共通な理性をもっていて、利害を超えて結びつき、気高い理念によって現実をより善いものに織り直すことができるはずだ——。

しかし、ナポレオンの敗退後、ヨーロッパでは王政に回帰した保守的な国際秩序であるウィーン体制が反動的に成立し、革命は勢いを失ってしまう。その後、市民たちの闘いはヨーロッパ各地で息を吹き返し、再び革命（「一八四八年革命」）を巻き起こして、ついに旧体制を相当程度崩壊させるに至った。ドイツでも「三月革命」が起こった。だが、その結果、一九世紀後半のヨーロッパに現れたのは、自由・平等・統一という理念に導かれた秩序ではなく、市民も国家も利害を最優先して争い合う、暗い欲望にまみれた混沌だった。

いつの間に理念は失われてしまったのだろうか。一九世紀の初めには農業国だったドイツにも、その世紀後半までには産業革命による工業化の波が急激に押し寄せ、土地から切り離された労働者たちは、劣悪な環境に押し込まれていった。政治がセーフティネットを用意しないままに自由主義経済に舵を切った結果、貧困層が拡大し、階級間の対立が深まり、人々は理念よりも実利を求めるようになったのである。一九世紀は、資本主義の光と影がダイナミックに社会を揺り動かし、歯止めなく暴走した時代だった。

多くの人々が、理念に従って社会を織り直すよりも、エゴイスティックに利益を求め、そのために合理的に社会を構築する欲望に操られていった。ショーペンハウアーは、いまや世界中を支配しようとする欲望の歯車に抗うために「否定」の哲学を構想し、欲望から自由な生き方を模索していくことになる。そのきっかけについて見ていこう。[*1]

アルトゥールという名

名前というものは、ときとして祈りとしても、呪いとしても機能するものだ。ショーペンハウアーは、一七八八年に自由都市ダンツィヒ（現ポーランド領）で生まれ、アルトゥール（Arthur）という名を与えられた。ヨーロッパのいくつもの言語で、同じつづりで名前として通じるようにとつけられた名前だった。父ハインリヒ・フローリス・ショーペンハウアーは、ヨーロッパをまたにかけて活躍する貿易商で、ダンツィヒでも指折りの資産家だった。かくしてアルトゥールという名前には、将来自分のように国際的に活躍するビジネスマンになってほしいという大きな期待が込められていたのである。

ショーペンハウアー家の家訓は、「自由なくして幸福なし」（Point de bonheur sans liberté）。一家は共和主義と啓蒙の理想、そして革命の夢を育んだフランスやイギリスの文化を敬愛していた。プロイセンがダンツィヒ併合をもくろんだときには、一家で自由都市ハンブルクに移住したほどだ。海上貿易に携わっていた父フローリスにとって、ヨーロッパ中から貿易品が集まる港町ハンブルクは商売に都合のいい場所だったのだろう。この父のもとでショーペンハウアーは、自らの才覚で経済的に成功し、伝統的な社会制度や権威に縛られずに自立して生きることを、確固たる理想として教え込まれたといえる。

ショーペンハウアー少年の葛藤*2

少年期のショーペンハウアーは、優れたビジネスマンになるべく英才教育を受けた。自由を愛する父フローリスは息子に、世界に目を向けることのできる教養ある近代市民になってほしかったのだろう。ショーペンハウアーは、父のビジネスパートナー（アンドレ・シャルル・グレゴワール）がいたフランスのル・アーブルのブレシメール家に、当時の国際語だったフランス語を学ぶために預けられ、すぐにマスターして、父が尊敬していたヴォルテールの抒情詩に熱狂するようになる。彼が生涯の趣味とするフルートを吹けるようになったのもこの頃のことだ。

その後、ハンブルクに帰ったショーペンハウアーは、さらなる勉学の場を求めて、ヨハン・ハインリヒ・クリスティアン・ルンゲ博士の私立学校に通った。そこで彼が学んだのは、地理や算術、簿記や各国語といった、いわゆるビジネス向きの知識だけではなかった。哲学や宗教、倫理、歴史も、国際的に活躍するために必須の教養だったのだ。とりわけルンゲ博士は、他者の気持ちを思いやり、寛容にふるまい、嘘をつかず、事業によって人々の生活を向上させようと尽くすことを道徳的な義務として教えていた。後の、慈愛を説くショーペンハウアーの倫理思想は、ここから影響を受けているといえる。ただし、このハンブルク随一の名門校にあっても、ショーペンハウアーの向学心は満足しなかった。

すでに彼の学問への傾倒はこの時期に表れていたのである。

ショーペンハウアーは、いつの頃からか、将来はビジネスマンではなく、学問の道に進みたいと思うようになっていた。ビジネスマンになるための訓練に青春を捧げるのがいやだったのかもしれない。その訓練は厳しく、たとえば、商社での七年間もの住みこみの「徒弟」修業の後、三年にわたって「見習い」として給与さえもらえずに奉公する、といったものだった。その時間があれば、どれほどの学問を究められることだろう。ショーペンハウアーがそうした日々を拒絶したのは、ルンゲのもとで学びを深めた古典語や文学、詩芸、哲学の魅力に心を摑まれていたからだと考えられる。ショーペンハウアーは、自ら手当たり次第に本を読み、父の愛したヴォルテールのみならず、ルソーの著作にも親しんでいた。

若き日のショーペンハウアー
彼らからショーペンハウアーは、自由を愛する心と、人間社会の不平等を厳しく見つめるまなざしを受け継いだのだと考えられる。この頃の勉学が後の彼のアイロニカルで流麗な文体の基礎となり、哲学者ショーペンハウアーの下地を作ったのである。
父フローリスは、ショーペンハウアーに二者択一を迫った。ギムナジウムに入学して大学教育を受け学問の道に進むか、それとも、家族と一緒にヨーロッパ中を見て回り、その後、商人の下で修業を始めるか、というのだ。旅の魅力を言い聞かされて育ったショーペンハウアーにとって、後者の選択肢の魅力は抗いがたいものだった。ショーペンハウアーが一五歳の頃から一年半あまりもの長期にわたって、一家はオランダやイギリス、フランス、スイス、オーストリアを巡り、各地の社会状況や歴史の遺物を見て回った。その後ショーペンハウアーは約束どおり、ハンブルクのイエニッシュ商会で見習いを始めたのである。

ショーペンハウアー哲学の原体験

ショーペンハウアーはなぜ、近代市民としての生き方を否定し、欲望からの自由を求める哲学者になったのだろうか。それは、少年時代のヨーロッパを巡る長期旅行のなかで、人間社会の悲惨な現実を直視したからだと考えられる。

当時のヨーロッパは決して安定した状態ではなく、とりわけイギリスとフランスの間では互いを牽制しあう不穏な空気が漂い続けていた。そんな中で決行された旅行の途上で、ショーペンハウアーの心を強くとらえたのは、道端で貧しさにあえぐ人々の姿だった。そして、ヨーロッパの各地で見た歴史の遺物は、闘争の歴史を人間が歩んできた証にほかならなかった。

旅の途中でショーペンハウアー一家は、ロンドンでは公開絞首刑を目撃し、地中海に面した南仏のトゥーロンを訪れた際には、ガレー船牢獄を目撃している。この悲惨な牢獄は、ヴィクトル・ユーゴーの『レ・ミゼラブル』の一場面としても有名だ。*3

そこでは、廃船になったガレー船が牢獄兼兵器庫として使われていて、鎖につながれた囚人たちが、劣悪な環境で強制労働をさせられていた。ショーペンハウアーはこの奴隷労働を見て戦慄しながらも、彼らの様子を冷静に観察し、日記に事細かに書き記している。その冷静さは、奴隷たちの顔つきを見ても、きっと人相学のいい素材になるだろうと考えるほどで、興味深いサンプルを見つめる研究者のような落ち着き払ったものだった。

たとえ刑期が終わったとしても、犯罪者が世間に温かく迎え入れられることはなく、彼らは再び罪を犯し、牢獄に逆戻りせざるをえない。ショーペンハウアーが見て取ったのは、罪を犯した者たちが味わうことになる、無限の苦しみだった。ただし、ショーペンハウアーは、裕福な資産家の子息として、この犯罪者たちを憐れみの眼で眺めていたわけではない。むしろ、この少年が見て取ったのは、人間だれしもが「生の悲惨さ」のなかに、すなわち出口のない永遠の牢獄のなかに閉じ込められているという、普遍の事実だった。

この「生の悲惨さ」について、後にショーペンハウアーは、一八三二年の手記*4のなかでこう振り返っている。

一六歳のときにわたしは、教養豊かな学校教育を受けたわけでもないのに、病と老い、苦しみ、死を目の当たりにした青年時代の仏陀のように、生の悲惨さに心を摑まれてしまった。この世で声高に明瞭に語られている真理は、わたしの内にも刻み込まれていたユダヤの教えを打ち負かしてしまい、わたしはこう結論づけた。この世界は最善の存在の作品なんかではありえない、むしろ悪魔の作品であって、悪魔はその苦悩を見て悦に入るために、被造物をこの世へと呼び出したのだ、と。このことを諸々の事実が示唆していたし、そのとおりなのだと信じる気持ちが優位を占めていった。

ショーペンハウアーは晩年、自分と信奉者たちを指して「仏教徒」と呼び、知人には仏陀とプラトンとカントこそが三大哲学者だと語っている。ショーペンハウアーにとっての仏教の核心は、「生の悲惨さ」から脱出しようとする「解脱」の教えだった。

それほどまでに彼が目の当たりにした「生の悲惨さ」は、深刻なものだったのである。ガレー船牢獄にいる囚人たちだけが悲惨な者たちなのではない。そうした悲惨な境遇にいる者に、誰も手を差し伸べようとせず、自分は関係ないという顔をして生きている。そうした者たちこそ、エゴイスティックな欲望の囚人たちであり、悲しく惨めな者たちなのだ。しかしながら、この世界で生きているかぎり、欲望からの自由はない。この世界はありうる最悪の世界だ、といういわゆる「ペシミズム」の主張をこの手記のなかに読み取ることができるだろう。

以上のことから、「生きることは苦しみである」と断言した哲学者ショーペンハウアーの原点を、少年期のヨーロッパ旅行に見出すことができる。そこでショーペンハウアーは人間社会の悲惨さを目撃し、人生は永遠の牢獄だと直観したのである。だからこそショーペンハウアーは、欲望からの自由を求めるようになったのだと考えられる。

2 生涯と旅路

ここからは、ショーペンハウアーの生涯と諸著作についての簡単な見取り図を描いていこうと思う。[*5] ショーペンハウアーの生涯は、ごくおおざっぱに言って、三つの時期に区分することができる。(一) 哲学に憧れた「修業時代」、(二) 哲学体系を構築した「主著執筆期」、(三) 倫理思想を創出した「フランクフルト時代」の三つである。

ショーペンハウアーの修業時代

第一に、本書ではショーペンハウアーの「修業時代」として、幼い頃からのビジネスマンとしての修業期と、大学入学後から学位論文提出までの、哲学者としての修業期をあわせた期間を指すことにしたい。*6

すでに述べたとおり、この時期にショーペンハウアーは「生の悲惨さ」に直面し、哲学者になる決意を固めていく。ただし、これは決して現実逃避ではない。孤独な理想の世界に閉じこもってしまったわけではない。むしろショーペンハウアーの哲学は、ガレー船牢獄の囚人たちをまっすぐ見つめていたように、どこまでも経験に根差し、現実を凝視し続けるリアリスティックなものだ。*7 そこには、経験だけが頼りになるビジネスの世界を生きた父の影響や、修業時代に学んだビジネスマンとしての教養や自然科学が活かされていたのかもしれない。

ショーペンハウアー一家がヨーロッパ旅行から帰ったその年、大事件が起きる。父フローリスが急死したのだ。ショーペンハウアーはその死因を自殺と見なし、大きなショックを受けた。自由を愛する近代市民として理想的な生き方をしていたはずの父が、なぜ自殺したのか――ショーペンハウアーは、どう生きるべきかを示してくれる指針を失ってしまったのだ。

この出来事はショーペンハウアー少年の心に深い絶望を刻んだのだと考えられる。どれほど恵まれた、立派な生き方をしていようとも、ひとは幸福になどなれはしない。だが、同時に父との約束は、彼の心に呪いのように重くのしかかり、「立派なビジネスマンになって幸福になれ」と彼を責め立てた。

深い葛藤を心に抱えたショーペンハウアーの様子を見ていた母ヨハンナは、見習い仕事を辞めさせ、ギムナジウムに通わせたり、家庭教師をつけたりして、学問の道に進みたいと言っていた息子を支援し励ますことにする。一家は大黒柱を失ったが、生活に不安はなかった。このときショーペンハウアーは父の遺産の三分の一を受け継いでいる。その後彼はいくつかの商社に投資するなどしてうまく資産を運用していったようだが、すでに一生暮らせるほどの金額が手元にあったのだという。

ヨハンナが息子の学問を支援したのは、父の死後ずっと暗い顔をしているショーペンハウアーをはやく厄介払いしたかっただけなのかもしれない。独立心旺盛な彼女は、自らのキャリアを築くためにワイマールに移り住み、芸術家や知識人が集まるサロンを開いて、一躍有名人になった。そこにはゲーテも顔を出していて、彼との交流はショーペンハウアーに大きな影響を与える。さらに、ショーペンハウアーは後にそこで東洋学者フリードリヒ・マイヤーとも出会う。この出会いは、生涯にわたってインド哲学に興味を持ち続ける重要なきっかけとなった。

二一歳の頃、ついにショーペンハウアーはゲッティンゲン大学に入学し、そこで本格的に哲学者になる道を歩み始める。一七三七年に英国王によって創建されたこの大学は、最先端の自然科学を追求する先進的な雰囲気を持っていた。[*8] 当初ショーペンハウアーはこの大学で、古典的な哲学よりも、時代の頂点に立つ科学を学ぼうとしていたのである。

母ヨハンナは息子に稼ぎになる学問を身につけさせたかったので、法学を学ぶよう勧めたらしい。だが、ショーペンハウアーは人相学や骨相学に長年興味を持っていたため、医学部に入学した。ここにはすでに、人間精神を知るには身体を知らねばならないとする彼の哲学の立場が表れているといえる。

そして、ついにショーペンハウアーの思考の枠組みが一挙に哲学者のそれになったのは、ゲッティンゲン大学で過ごした二年目にあたる一八一〇年から一一年の冬学期、哲学者ゴットロープ・エルンスト・シュルツェ教授の「形而上学」と「心理学」を受講した頃のことだ。これをきっかけに、ショーペンハウアーは哲学の研究を本格的に開始した。シュルツェは古代ギリシアのプラトンと、近代ドイツのカントの哲学を研究するようにショーペンハウアーに勧め、それをマスターするまでは他の哲学者たちには目を向けないようにと助言した。[*9] このアドバイスは、後のショーペンハウアー哲学の枠組みに決定的な影響を与えたと言っていい。

プラトン哲学はショーペンハウアーを、自然の世界と区別される超自然的なもの（すなわち「イデア」）についての思索に誘《いざな》った。プラトン哲学は、日常を超えた超越的なものへの強い憧れを掻き立てる思想だといえる。これに対してカント哲学は、むしろ認識の限界を人間にとって認識されうるかぎりの「現象」に定め、その向こう側にある超越的な「物自体」への飛躍に留保を与える思想である。

第二章でさらに詳しく紹介するが、この思想は「現象と物自体の区別」と呼ばれる、その後の西洋哲学にとって最も偉大な出発点となったと同時に、乗り越えるべき最大の課題となったものだ。ショーペンハウアーもこの課題を引き受け、自らの哲学の構築を開始したのである。

ショーペンハウアーは研究をさらに深めるために、早くも一八一一年のうちにベルリン大学に転校した。そこには当代随一の哲学者として知られていた、フィヒテがいたからだ。フィヒテはカント哲学の後継者と目され、「現象と物自体の区別」を乗り越えるための「知識学」の立場を唱えていた。だが、期待はすぐに失望に変わったようだ。ショーペンハウアーはフィヒテの「知識学」（Wissenschaftslehre）を「空っぽな学」（Wissenschaftleere）と呼んで揶揄《やゆ》するようになった。[*10]

それでもショーペンハウアーはフィヒテの講義に出席し続け、そこから可能なかぎり学ぼうとし、一八一二年の夏にはフィヒテのさまざまな著作の研究に没頭したようだ。このベルリン時代にショーペンハウアーは独学で多様な哲学思想に触れ、次々に吸収していった。たとえば、プラトンと並ぶ古代ギリシアの大哲学者アリストテレスや、一七世紀オランダの汎神論の思想家スピノザ、「知は力なり」で有名な近代イギリスの哲学者フランシス・ベーコン、イギリス経験論で知られるバークリーやロック、ドイツ観念論者で新カント派のフリース、カントを批判したヤコービらの思想である。ゲッティンゲン時代から興味を持っていたプラトンとカント、そしてシェリングについても研究し続けた。

こうした研究の成果の一つとして、この時期にショーペンハウアーは「よりよい意識」という重要な概念を着想している。すなわち、理論的にも実践的にもあらゆる理性を超えたところにある、超感覚的で時間の外にある意識のことだ。ショーペンハウアーはこのときすでに、日常的な「生の悲惨さ」の世界を突破して、その深奥にあるものをとらえようとしていたのだといえる。

その後ショーペンハウアーは、ナポレオンの進軍に巻き込まれるのを恐れてベルリンを脱出し、ルードルシュタットに落ち着いて学位論文「充足根拠律の四方向に分岐した根について」を執筆した。*11 この論文は戦火を避けてイエナ大学に提出され、一八一三年一〇月に「極めて優秀」との栄誉とともに博士号を授与された（が、授与式には欠席したようだ）。ショーペンハウアーはこの学位論文を出版してシュルツェやゲーテらに送ったが、彼が哲学者として世間で広く認められるようになるのは、まだまだ先のことだ。

主著執筆期

学位論文の提出後、ショーペンハウアーは再びワイマールに戻り、母のサロンに出入りしていたゲーテや東洋学者マイヤーとつきあうようになる。一八一三年から翌年頃のことだ。ショーペンハウアーはゲーテをカントと並んで尊敬すべき学者だと考えていた。そんなゲーテから光学実験装置を借り受け、共同で色彩論についての研究に取り組み、『視覚と色彩について』[*12]を執筆したことは、彼にとって大きな出来事だったといえる。

ただし、ショーペンハウアーとゲーテとの間には、根本的な見解の相違があった。ゲーテは、色を主観の側の働きに還元せずに実体そのものとみなす「実体論的な立場」に立っていたのに対して、カント哲学の後継者を自任していたショーペンハウアーは、主観の働きを強調する「観念論的な立場」に立っていたのだ。このことはショーペンハウアーに、自分の哲学がゲーテ的なものであるよりも、カント的なものだということを自覚させ、さらなる研究の必要性を実感させたのだと考えられる。それでもショーペンハウアーにとってゲーテとの友情は、「私の人生の中で最も喜ばしく幸運な出来事」だったのだという。[*13]

また、ショーペンハウアーが「天才」について考えるときいつも念頭にあったのはゲーテのことだ。ゲーテもまた、ショーペンハウアーの稀有な知性を認め、この気難しい哲学者とのつきあいを続けたが、徐々に二人の道は分かたれていった。

マイヤーとの出会いは、ショーペンハウアーに古代インド哲学の魅力を教え、その後の思想に決定的な影響を与えることになる。ショーペンハウアーはワイマールの公立図書館で東洋宗教について調べるべく、『アジア誌』(*Asiatisches Magazin*) や『ウプネカット』[*14]、ポリエ夫人の『ヒンズー神話』[*15]などを借りている。『ウプネカット』では訳者のデュペロンが古代インド哲学をカント哲学と結びつけて解説していたし、ポリエ夫人も同様の考えを持っていたようだ。[*16]この後ショーペンハウアーは東洋宗教についての研究成果を継続的に追いかけつつ、それを自身の哲学体系の構築のための最も重要なアイディアの一つとして取り入れていくことになる。

ショーペンハウアーは社交の場ワイマールを離れ、ひとりドレスデンに移り住む（一八一四年）。この引っ越しの際に母とケンカしてしまい、その後二度と会うことはなかった。このエピソードからも、ショーペンハウアーの気難しく、人づきあいが苦手で、激昂しやすい性格をうかがい知ることができるだろう。彼は、社交のためにおもねって生きることを嫌い、他人とかかわって心を乱されるよりも、むしろ孤独に生きることを好んだ。この地でショーペンハウアーは、自らの哲学体系の完成に取り組むことになる。

ドレスデンでショーペンハウアーは、プラトンとカント、古代インド哲学とを結び付けていくことになる。当地で彼は再び『ウプネカット』を借り出し、また『アジア研究』(*Asiatick Researches*)というシリーズから「輪廻転生《りんねてんしょう》」や「涅槃《ねはん》」、「カルマ」などの概念、そして仏陀の悟りの教えなどを学び取っていった。

ショーペンハウアーにとってプラトンとカント、古代インド哲学はいずれも、迷妄と苦しみに満ちた日常世界からの解脱を唱えるものだった。日常を超えた「よりよい意識」によって、わたしたちを覆っている欲望から自分を解放すること。それは、わたしたちを幻惑する「マーヤー」(māyā)の力から脱け出すことにほかならない。

こうした解脱の思想の成立には、上記の三要素やドイツ観念論の批判的受容のみならず、ギュイヨンの自伝や、ヨハネス・タウラー、ヤコブ・ベーメらの神秘主義的な著作の影響も見出すことができるだろう。

約四年の歳月をかけて、一八一九年初め、ショーペンハウアーの主著『意志と表象としての世界』が刊行に至る。それは彼の哲学体系がとにかく一度完成に至ったことを意味している。

フランクフルト時代

主著を完成させたショーペンハウアーは、イタリア旅行にでかけ、ローマの冬を満喫したり、またドレスデンに戻ってからは、コーラスガールで踊り子のカロリーネ・リヒターと浮き名を流したりもしている。ベルリン大学講師の地位を得たが、当代随一の（しかし彼が嫌悪していた）哲学者ヘーゲルとわざと同じ時間に講義を設定したために、ほとんど聴講者を集められなかったというエピソードが残っている。

なお、自身の哲学体系を完成させたからなのか、一八二〇年代はこの若き哲学者にとって生涯最も生産的ではない時期となった。ヒュームの宗教論のドイツ語訳やカントの『純粋理性批判』の英訳なども計画したが、いずれも刊行には至らなかった。

一八三一年、コレラを恐れて、ショーペンハウアーはベルリンを去り、フランクフルトに移り住む。ベルリンではヘーゲルがコレラに罹患して急逝したことからも、その感染の大流行ぶりがうかがえる。ショーペンハウアーは一度マンハイムにも移ったが、一八三三年、やはりフランクフルトに定住することを決め、そこで残りの人生を過ごすことにしたようだ。少年期を過ごしたハンブルクと同様、自由都市であったフランクフルトは、自由を愛し権力を嫌うショーペンハウアーにとって過ごしやすい場所だったのだろう。この地はヨーロッパの政治と経済の中心地の一つだった。そうして常に先進的な雰囲気と情報に触れながら、ショーペンハウアーは次々に著作を刊行していく。

一八三六年には『自然における意志について』を刊行した。この著作は、自然科学の成果をエビデンスとして、彼の意志の哲学の裏づけを行うことを目的とするものだ。

また、ショーペンハウアーはノルウェー王立学士院の主催した懸賞論文として「意志の自由について」（一八三八年）を書き、金賞を受賞した。次いでデンマーク王立学士院が主催した懸賞論文として「道徳の基礎について」（一八三九年）を執筆したが、応募論文が一本だけだったにもかかわらず、多くの哲学者たちを悪しざまに切って捨てるような語り口のためか、受賞を逃している。ショーペンハウアーはこれらをまとめて一八四一年に『倫理学の二つの根本問題』というタイトルで出版している。

一八四四年、ショーペンハウアーは主著『意志と表象としての世界』の「第二版」と「続編」第一版を刊行した。それらは後に、ショーペンハウアーが逝去する前年にあたる一八五九年に第三版としてまとめられることになる。

ショーペンハウアーが最後に書いた著作[*17]は、一八五一年に刊行された『余録と補遺』だ。この著作に収められた論稿は、射程の広い哲学的な作品から、人生論まで多岐にわたるが、とりわけ後者はこれまでしばしばテーマごとに文庫として刊行されてきた、人気のある作品群だ。日本でも『幸福について』、『読書について』、『自殺について』がよく読まれている。

この晩年の著作は、ショーペンハウアー哲学の全体像を描くためには、欠かすことのできないものだといえる。その真骨頂は主著で披瀝された「意志の否定」にあるのだが、誰でもその境地に至ることができるわけではない。「意志の否定」の重要性に気がついていながらも、その境地に至ることのできない者には、続きの人生はあまりにもつらいものになってしまう。だからこそショーペンハウアー哲学には「補遺」が必要なのだ。その処世術は、わたしたちの人生に自由な瞬間があることを教え、欲望の歯車になる以外の生き方があることを、小気味よいアイロニーを交えながらユーモアあふれる語り口で教えてくれるものとなっている。イギリスの新聞で紹介されたのをきっかけに、次第にショーペンハウアーの名は本国でも広く知られるようになる。ショーペンハウアーはヨーロッパで最も多くの読者を獲得した哲学者の一人となったのだ。その後、彼がこの世を去ったのは一八六〇年のことだった。没後百六〇年を過ぎてなお、ショーペンハウアーは世界中で読者を獲得し続けている。

第二章　悲惨な生と「意志の否定」

――主著『意志と表象としての世界』における求道の哲学

1　世界はわたしの表象である

第一章では、ショーペンハウアー哲学の誕生とその後の歩みを見てきた。本章では主著『意志と表象としての世界』の核心を読み解くことで、ショーペンハウアー哲学の第一の骨組みである〈求道の哲学〉の中身を具体的に見ていきたい。なお、本書では求道という言葉を仏教用語としてよりも、徹底的に「生の悲惨さ」に向き合うことで真理に至ろうとする認識の歩みという意味で用いることにする。

求道の哲学

主著『意志と表象としての世界』で展開されたショーペンハウアー哲学の根本教説は、「意志の否定」である。その核心が「肯定」ではなく「否定」であるのは、雑多な「にせもの」の世界を突き抜けて見出すべき「本当のこと」があると強く確信していたからだろう。「本当のこと」を見出そうとする彼が歩んだのは、熾烈な自己批判と孤独な反省を通じた、峻厳なる求道の旅路だった。そうしてショーペンハウアーは、「にせもの」ばかりのこの世界を超え出て、哲学的な真理に到達しようとしたのである。

ショーペンハウアーの主著を読むということは、こうした求道のあり方を学ぶということとにほかならない。読者は、ショーペンハウアーの足跡を一歩一歩追いかけるために、彼が用いた難解な概念や哲学的な問題意識を自らのものとしていく必要がある。哲学的に考えるというのは、何が「本当のこと」なのかを客観的に問い、これまで当たり前のように正しいと思い込んできた考え方から解放されることだ。多くのひとが当たり前のように正しいと思い込んでいるけれども、確たる根拠のない主張のことを、本書では「臆見《おっけん》」と呼ぶことにする。

自分が当たり前だと思っていたことが、実は「臆見」にすぎないと気がついて驚くこと――そうして哲学的な議論が開始される。驚いた後が重要だ。哲学者は、自分がどのような「臆見」を持っていたのかをあらためて言語化し、いったい何がわかっていないのかを明確な問いのかたちにし、より真なる主張に向かおうとする。「臆見」から自由になることと。それが哲学なのである。

世界の凝視

真の哲学は、世界をじっと見すえたときの驚きから始まる。ショーペンハウアーによれば、あるひとを哲学者にするのは、読書や学習ではない。現実の世界をじっと見すえ、「なんだ、これは！　いったいどうなっているんだ！」と驚き、その混乱をどうにか切り抜けようとするときに、ひとは哲学者になるのだという（主著正編第一巻第七節、邦訳七五頁）。[*18]では、ショーペンハウアーは哲学者として、いったいどういうことに知的な驚きを感じたのだろうか。それは、わたしたちが見ている世界は「にせもの」、「迷妄」なのかもしれない、ということだと考えられる。

ショーペンハウアーに哲学者としての道を歩ませるようになったきっかけの一つは、第一章で述べたとおり、ゲッティンゲン大学で学んだカント哲学との出会いにある。とりわけ、カントによる「現象と物自体との区別」という考え方がショーペンハウアーに大きな衝撃を与え、この問題を正面から受け止め、乗り越えることが彼の哲学にとって最大の課題の一つとなった。

ここでいう「現象」（Erscheinung）とは、わたしたちが知覚し経験していることがらのことだ。その向こう側にあるかもしれない、経験のフィルターを通していないことがらそのもののことを「物自体」という。カントによれば、わたしたちの経験的な知識には限界があり、「物自体」については知ることができない。それゆえ、伝統的な形而上学者たちが議論してきたような、神や不滅の霊魂、あるいは宇宙全体の秩序についての探究は失敗せざるをえない。それらは経験不可能なものだからだ。

ショーペンハウアーによれば、カントは「現象と物自体の区別」をしたうえで、「現象」

を構成する基礎的で不可欠な条件が主観の側にあると主張したのだという。こうした「区別」がショーペンハウアー哲学のバックボーンになっている。

主著『意志と表象としての世界』は全四巻で構成されているのだが、その第一巻の冒頭に、こう書かれている。

「世界はわたしの表象である」――これは、生きて、認識を営むあらゆる存在に関して当てはまるひとつの真理である。ところがこの真理を、反省的に、抽象的に真理として意識することができるのはもっぱら人間だけである。人間がこれを本当に意識するとして、そのときに人間には、哲学的思慮が芽生え始めているのである。その際に人間にとって明らかになり、確実になってくるのは、人間は太陽も知らないし大地も知らないのだということ、人間が知っているのはいつもただ太陽を見る眼だけ、大地を感じる手だけなのだということ、人間を取り巻いている世界はただ表象として存在するにすぎないこと、すなわち世界は、世界とは別のものとの関係においてのみ、人間自身がそれである表象するものとの関係においてのみ存在するのだということである（主著正編第一巻第一節、邦訳五頁）。

ショーペンハウアーによれば、わたしたちは世界そのものがどういうものかを知らず、わたしたちにとっての「表象」(Vorstellung) の世界の内にいるにすぎない。ここでショーペンハウアーはカントの言う「現象」を「表象」と言い換えている。いずれも人間の主観にとって現れるものという意味で、大きな差異はない。ただし、「表象」には想像上のイメージや空想物など、実際に目の当たりにしないものも含まれるので、「現象」よりも広い概念だと言うことができる。

そもそもこの「世界はわたしの表象である」というのは、いったいどういうことを考えようとしているのだろうか。少し立ち止まって考えてみよう。わたしたちは普段、まず世界が無条件に物質的なモノとして実在していて、その内に自分も同様にモノとして実在していると思っている。ここでいう無条件に、というのは、人間の主観によらない仕方で、ということだ。たとえ人間がいなくなったとしても、世界は今見えているとおりに実在する。これは当たり前のことのように思える。

だが、本当にそうだろうか。個々のモノにそのモノらしさを与えているのは、むしろわたしたちの主観なのではないか。もしもわたしたちの主観がなかったら、少なくとも今わたしたちに見えているような世界は無くなってしまうのではないか。

世界そのものの実在について、わたしたちは断定的に論じることはできない。そう考えるのがいわゆる「観念論者」で、カントに始まり、フィヒテやシェリングを経てヘーゲルによって完成されたといわれる立場だが、ショーペンハウアーもこの系譜に身を置いている。わたしたちが物質的な対象として経験するモノの状態や存在は、それを認識している主観の側のあり方に依存している、という立場だ。そして、ショーペンハウアーが「現象」ではなく「表象」というのは、世界は「わたし」すなわち主観の「前にある」(vorstellen)ものである、まさに「わたしの表象」だということを強調したからだろう。

なお、人間の主観のあり方は、個々人でばらばらなのではなく、そこには共通の一定の形式がそなわっていると考えられる。すなわち、だれもが知覚と概念を働かせることによって、個々のモノをそのモノとして認識している。五感に飛び込んでくるそのときどきに異なる個別の知覚データに対して、それが何であるかを判断し、認識を成り立たせている、ということだ。したがって、主観というのは、データを受信して一定の解像度で映像を映し出すモニターのようなものだと考えればよい。

以上のことをふまえて考えるならば、わたしたちが認識しているモノは、あくまでわたしたちによって認識されたかぎりでのモノでしかなく、無条件なそれ自体ではないということになる。わたしたちが見ているのは、主観に対しての客観、「わたしの」モニターに映し出されたモノでしかない。これをショーペンハウアーは「表象」と呼ぶ。

表象とは何か

冒頭で取り上げた、「世界はわたしの表象である」というテーゼについて改めて検討してみよう。

わたしたちは普段、「世界というモノが無条件に実在していて、その内に自分もモノとして実在している」と想定しがちだが、ショーペンハウアーの主張からすると、これは一つの臆見にすぎないということになる。むしろ「世界」というのは、人間の認識主観によって見られたかぎりでの世界であり、「表象」以外の何物でもない。

そもそもわたしたちは「世界」がそのもの自体としてどういうものなのかを知らない。人間が知っているのは、あくまで「主観と関係するかぎりでの世界」だけだ。認識主観としての「わたし」にとっての世界、といっていいだろう。これに対して、「無条件に実在する世界」全体の認識は、神の視点にでも立たなければ実現しない。したがって、人間が見ている世界は、どこまでいっても一定の制約から逃れられない、不完全なものにすぎないわけだ。

この意味で、わたしたちが「世界」と呼んでいるモノは、「表象」にすぎないのである。

たしかに、目の前にある机やパソコンは、頭の中の単なるイメージではなく、はっきりと実在しているように思える。だが、ショーペンハウアーによれば、それらは「表象」以外の何物でもない。なぜなら、個々のモノは無条件な実在ではなく、どこまでいっても主観にとっての客観であり、主観による条件づけから決して逃れられないものだからだ。それゆえ、「世界に属するすべてのものはただ主観に対して存在するにすぎない。世界は表象である」ということになる（主著正編第一巻第一節、邦訳七頁）。

時間・空間・因果性

ショーペンハウアーの主張の要点をまとめておくなら、「表象としての世界」には二面性がある、ということになる。その内にある個々のモノは、主観が見ているということと、客観として見られているということ、という不可分な二面性によって構成されている。主観なしに客観は成り立たないし、その逆もまたしかりだからだ。それが「表象」の基本的な性格である。

そして、こうした「表象としての世界」の二つの契機を指摘することによって、ショーペンハウアーはもう一つ重要なことを明らかにしている。それは、主観は客観にならない、ということだ。言い換えるなら、主観はあくまで「表象としての世界」を成り立たせているものであって、客観としての性質を決してもたないものこそが、主観なのである。

ショーペンハウアーによれば、主観が個々のモノに与えている客観としての性質には、普遍的な形式がある。これを「根拠律」(Satz vom Grunde)という。

「根拠律」とは何だろうか。まず、主観にとって現れる個々のモノは、必ずほかのモノとの間に必然的な関係を結んでいて、そこから逃れることはできない。その関係づけをまさに主観が与えていて、そうすることによってあらゆる客観は必ず時間・空間・因果性という三つの形式をもつことになるとショーペンハウアーは主張している。

時間・空間・因果性は、世界そのものの側には存在しない。考えてみれば、「何時何分」といったり、「二一世紀」といったり、あるいは「ここから五キロメートル先」といったりするのは、人間が時間と空間に関して区切りや位置づけを便宜的に取り決めているだけで、世界の側にそれらについての絶対的な指標が存在するわけではない。もっといえば、そもそもわたしたちが知っているかぎりでの時間や空間は、人間の認識主観を離れてなお実在するかどうか、決してわからないものなのだ。同様に因果性もまた、特定の結果から特定の原因らしきものを人間が自分の観測可能な範囲内で結びつけて推論しているだけだ。時間・空間・因果性は、私たちが世界を経験できるようにするために、主観が客観を認識するときに用いざるをえない条件のようなものだといえる。

時間も空間も因果性も、ある点を指摘するためにはほかの点が必要になるような、相対的な指標である。もっといえば、「表象としての世界」に存在する個々のモノは、必ずほかの何かと時間・空間・因果性において関係していて、その関係こそが個々のモノをそのモノとして存在させている根拠や理由になっている、ということだ。つまり根拠律とは、「なぜ存在するのかという根拠なしには、何ものも存在しない」、という単純な規則なのである（学位論文第一章序論第五節）。この規則は、「表象としての世界」に存在するあらゆる個々のモノに当てはまる。だから、「表象としての世界」で起こるあらゆる出来事には、それが起こるべき理由が必ずあり、わたしたちはあきらめることなく「なぜ」を探究し続けることができる――そういうものとしてわたしたちは世界を見ているわけだ。

2　意志と表象としての世界

わたしとは何か

ショーペンハウアーの主著『意志と表象としての世界』（正編）は、全四巻とカント哲学についての付録からなる。四つの巻にはそれぞれ異なるテーマを見出すことができる。第一巻が認識主観について、第二巻が自然について、第三巻が芸術について、第四巻が倫理と宗教について扱っている。ただし、ショーペンハウアーによればこれらは「一個の思想」として結びついているものである。

ショーペンハウアーの主著第一巻の全体は「表象としての世界」について詳しく論じることを主題としている、といっていいだろう。だが、第二巻では、世界には二つの側面があって、主観にとっての「表象としての世界」はそのうちの一つだという。もう一つの側面が「意志としての世界」だ。この「意志」を発見したところに、他の観念論者とは一線を画すショーペンハウアー哲学の独自性がある。

ただし、これら「表象としての世界」と「意志としての世界」は別の二世界なのではなく、あくまで一つの世界に二つの側面があるのだという。それゆえ、この著作のタイトルが示すとおり、ショーペンハウアーが描き出したのは、「意志と表象としての世界」である。

先述のとおり、わたしたちが目の当たりにしている世界は、「表象としての世界」だ。すなわち、どこまでいっても、見ている主観と見られている客観との分裂を抱えている、「にせもの」にすぎない世界である。

だが、ここでいう見ている主観、すなわち「わたし」だけは、客観としての性質を持っていない。これは、主観はいつも「見ているもの」であって、「見られるもの」にはなりえない、ということだ。それゆえ認識主観は、「見られるもの」にほかならない「表象」としては存在しているわけではない。では、「表象としての世界」に根を持っていない「わたし」とは、そして「わたし」を突き動かしている「意志」とは、いったい何なのだろうか。この問いが、「表象としての世界」に風穴を見出し、その外側に目を向けるためのキー・クエスチョンになる。

わたしは身体であり意志である

「わたし」とは何だろうか。主著正編第二巻第一八節によれば、「わたし」は二重のあり方をしている。まず、「わたし」は、自分自身を一個の身体だと考える。これは、主観によって客観として見られた身体だ。いままさに目の前に見えている自分の手や腕は、まさに見られた身体であり、科学が対象として扱うことができるモノであり、机やパソコンなどのほかの表象と同様の、一表象にすぎない。それは時間・空間・因果性の規則のもとにあって、決してそれを逃れることはできない。

さらに、「わたし」は、自分自身のことを単なる表象としてだけでなく、もっと直接に知ってもいる。「わたし」は個体としての「わたし」自身を、自らの身体の活動の内に見出してもいるのだ。こうした直接的で、内的な自分自身のあり方を、ショーペンハウアーは「意志」(Willeヴィレ)と呼ぶ(主著正編第二巻第一八節、邦訳二一九頁以下)。

なお、ここで気をつけなければならないのは、「意志」と身体との間には因果性はないということだ。わたしたちは、「意志」が原因となって身体を動かす、と考えてしまいがちだが、ショーペンハウアーはこのことを明確に否定している。そもそも原因と結果は、ある表象と別の表象との間に主観が見出す関係にすぎない。だが、ショーペンハウアーによれば、「意志」はそれ自体では表象にならない。

ただし、意志はいつでも活動する身体とともにあり、活動する身体とセットで考えるべきものだ。活動する身体は、単に客観として見られた身体とちがって、意志の働きと連動して動くものである。以上のことから、「わたし」とは「意志」であり、それと連動して活動する身体なのである。

このことを指してショーペンハウアーは、「身体全体が客観化された意志、すなわち表象になった意志にほかならない」といっている（主著正編第二巻第一八節、邦訳二二二頁）。すなわち、活動する身体とは、「意志」の表象だということだ。意志としての「わたし」は「表象としての世界」に居場所をもたない根無し草なのではなく、活動する身体として自らを表象化し、その世界の内に住んでいるのである。それ自体では表象にならない「わたし」とは何か、「意志」とは何かを教えてくれるのが、活動する身体という表象なのである。

生きようとする意志

「わたし」には知性があり、情動があり、意志がある。西洋思想の伝統において、人間主観にはこのような三つの能力が期待されてきた。そればかりではなく、多くの思想家たちが知性に優位を与え、それが意志を導くと考えられてきた。この場合、意志には道徳的な善悪の分別がつき、それをふまえてよりよい社会を構想していくための選択の自由があり、行為の責任を引き受けるような、知性の光によって導かれた「自由意志」であることが期待される。

だが、ショーペンハウアーによれば、「わたし」とはいったい何なのかを探究するためには、活動する身体を手引きにしなければならない。それしか「わたし」と一体であるような表象はないからだ。そうして身体をじっと見すえてみると、そこに現れている意志が知性に導かれた「自由意志」などではなく、「生きようとする意志」であるということ、そして知性もまたそれにしたがうものであることが明らかになる。そうしてショーペンハウアーは意識の向こう側にあって、「わたし」を支配している「生きようとする意志」を洞察するに至った。哲学史上ゆるぎない、ニーチェやフロイトら後の思想家たちに大きな影響を与えたショーペンハウアー哲学最大の成果である。

ショーペンハウアーにとって人間存在の最も重要な要素は、知性ではなく「意志」である。知性は二次的なものにすぎない。わたしたちは自分たちの内に意識的な知覚と思考を、すなわち知性的なものを見出すことができるが、それらを下から支え動かしているのが「意志」なのだとショーペンハウアーはいう。つまり、知性は「意志」の影響によってバイアスをもたざるをえない。身体をじっと見すえてみれば、それを動かしているのが、意識にはっきりと表れてくる食欲や睡眠欲、性欲のような欲望のみならず、ほとんど意図的に管理することのできない無意識的な欲求によって駆動されたプロセスであるということが明白だ。そして、その欲求こそが、わたしたちの思考や意思決定などの知的な活動をあらかじめ支配しているのだ。

さらに、ショーペンハウアーによれば、身体表象として客体化した諸欲求の本質がどのようなものであるかを考えることによって、「わたし」がしたいと思うすべての行動の根にあるものが、実は、目的地をもたない「生きようとする意志」であることが明らかになるのだという。

たとえば、食欲について考えてみてほしい。食欲にゴールはない。もちろん、食欲に駆られて美味しいものを食べると、快楽を感じて、一時的に満たされることはあるだろう。だが、その満足感はすぐに失われ、倦怠と退屈に変わってしまい、数時間もすればまた飢えが始まる。このサイクルから脱出するすべはなく、生きていくためには必ずその奴隷でい続けなければならない。

欲求に目的は存在せず、わたしたちは生涯ずっと、生きよう生きようと駆り立てられ続け、決して安住の地にたどり着くことはありえない。以上のことから、ショーペンハウアーは意志を「目的をもたない意志」または「生きようとする意志」と規定する。わたしたちが目の当たりにしている世界は、実はこのような意志に見せられている「表象としての世界」にすぎないのだから、その全体が実体のない「迷妄」であり、この意味で「にせもの」だということになる。ショーペンハウアーはこうした「迷妄」のことをよく古代インド哲学を参照してサンスクリット語に言い換えて、「マーヤー」と表現する。すなわち人間を惑わす幻影である。

なお、ショーペンハウアーはたびたび「目的をもたない意志」のことを「盲目的」と形容することがあるが、「盲目」であることを直ちに「無目的」と結びつけてしまう言い方は、視覚に障害のある者を貶める差別的な表現だと言わざるをえない。本書刊行以降、適切な配慮がなされることを願うばかりである。

意志としての世界

ここまでに見てきたとおり、「表象としての世界」の内で、唯一特権的な表象となっているのが「わたし」の身体だった。「わたし」の活動する身体だけが、「意志」でありながら表象でもある。だからといって、「わたしの意志だけが実在する」とか、「世界はわたしの意志にしたがうものである」と考えてしまうのは早合点というものだろう。

むしろショーペンハウアーは、身体の二重性を「自然界の各現象の本質を解く鍵」として用いることにする（主著正編第二巻第一九節、邦訳二三二頁）。すなわち、ほかの表象もまた、身体との「類比」（アナロジー）によって、表象でありながら「意志」でもあると考えるべきだという。

もちろん身体以外の表象は、単なる表象としてしか与えられていない。わたしたちは身体活動にのみ、「意志」との連動を実感できる。しかし、他のあらゆる表象もまた、「意志」と連動しているのではないか。他人や動物などの、自分と似ている表象の内的本質として「意志」を想定できるだけでなく、植物を生長させる力や、結晶を形成する力、物質に働く磁力や引力も、すべて本質的には同一の力なのではないか、あらゆる存在のルーツであるような根源的な力、それを「意志」と呼ぶことができるのではないか――ショーペンハウアーはこのように考え、身体に見出した「意志」をあらゆる表象の内側に見出し、すべてが一つの「意志」であるような、「意志としての世界」を導出してみせる（主著正編第二巻第二一節および第二三節、邦訳二四一頁以下）。

意志と表象はいかなる関係にあるのか

ただし、先にも述べたとおり、「表象としての世界」と「意志としての世界」は異なる二世界なのではなく、一つの同じ世界の二つの側面である。では、意志は一つであるのに、表象が多様であるのはなぜなのか。重力のような単純な力から、無機物の結晶力、植物の生長作用、動物の闘争、人間の複雑な精神活動に至るまで、「表象としての世界」には数多性がある。

この問題については、まず、認識主観にとって多様な表象が現れるのは、「意志の客観化」にさまざまな段階があるからだと考えてみるのがよいだろう（主著正編第二巻第二七節、邦訳三三三頁以下）。「意志の客観化」とは、根本的に「見るもの」である意志が同時に「見られたもの」となること、自らを鏡に映すようにして、「意志としての世界」と連動する「表象としての世界」が成立するということだ。「意志」が微弱な段階にあれば無機物や植物にとっての世界のような低次の単純な「表象としての世界」が成立し、「意志」がより強烈な段階にあるとき、動物や人間にとっての世界のような高次で複雑な「表象としての世界」が成立する。このとき、高次のものは、低次のものを含みこんで成立している。ショーペンハウアーによれば、豊かで多様な「表象としての世界」は、それだけ明瞭な「意志の鏡」となっているのだ。

「意志」は一つであるのに、人間にとって「表象としての世界」が豊かで多様なものとして成立しているのは、人間を突き動かしている強烈な「意志」が、数多の個々のモノの内の一つであるような、「見られたもの」としての自己自身とそれ以外のすべてのものを認識しているからである。このような「表象としての世界」の成立の原理をショーペンハウアーは「個体化の原理」と呼ぶ。

ただし、意志がなぜ「表象としての世界」をそのような世界として——「意志」自身を覆い隠し惑わせる「マーヤーのヴェール」として——現象させているのかを、意志自身も知らない。意志には目標も根拠もなく、なぜ存在していたいのかもわからずに存在しようとし続けている、目的をもたない意志だからである（主著正編第二巻第二九節、邦訳三六六頁）。

3　どうすれば欲望から自由になれるのか

意志の否定

それでは、わたしたちは「目的をもたない意志」に突き動かされるしかないのだろうか。わたしたちは、意志の奴隷でしかないのだろうか。わたしたちを支配している「意志」からの自由は、いかに実現されるのか。

日常的には、わたしたちは国家の政策や、個人の政治行動によって、歴史の歩みの内で徐々に自由が実現すると考えている。だが、そこで実現されるものが、さらに「生きようとする意志」に奉仕するための、際限のない欲望のためのシステムの増築ではないといいきれるだろうか。はたして自由というものは、政治や歴史によってさらに新しいものを増やそうとする営みによって実現されるのではなく、むしろそうしたシステムを超え出ようとすること、すなわち「生きようとする意志」からの解脱という境地においてはじめて実現されるものなのではないか。

それが「意志の否定」というショーペンハウアー哲学の根本教説なのである。主著『意志と表象としての世界』の第一巻と第二巻は、「世界はわたしの表象である」というテーゼから出発し、その「表象としての世界」のほとんどすべてを支配しているのが「生きようとする意志」であるということを明らかにしている。だとすると、わたしたちの人生は、「にせもの」ばかりを追いかける、「目的をもたない意志」に奉仕するだけの、あまりに希望のないものになってしまう。これに対してショーペンハウアーは、主著第三巻と第四巻で、他のどの思想家も語ることのなかった、「意志の否定」という独特な自由のあり方を提示している。これは古代インド仏教の解脱の境地と同一視され、「涅槃」とも呼ばれる。ショーペンハウアーは主著第三巻で芸術について、第四巻で「共苦」および宗教による「意志の否定」について論じている。ただし、芸術や「共苦」が実現する「意志の否定」はいまだ不完全なものだという。真に完全なる「意志の否定」が認識として完成するのは宗教的な求道の道のりを通じてであり、そこに主著のクライマックスがある。

芸術とは何か

ショーペンハウアーによれば、「表象としての世界」で個体として身体をもって生きている「わたし」は四六時中、「生きようとする意志」に操られている。「わたし」はおのずと腹が減り、眠くなり、性欲が湧き、自己中心的に世界を合理化しようとする。「わたし」はそうやってはじめて生存している。それゆえ、「表象としての世界」を成り立たせているイデア（＝世界の設計図のようなもの）を「意志」に逆らって認識することも、「意志」そのものを否定することも、ほとんど不可能だといえる（主著正編第三巻第三三節）。

だが、ショーペンハウアーによれば、イデアの認識が可能になる契機があるのだという。それが芸術だ。たとえば、ベートーベンの交響曲に夢中になっているとき、わたしたちは意志への奉仕から解き放たれ、「意志のない純粋認識主観」になるのだとショーペンハウアーはいう。すなわち、「意志」を鎮静化してくれるのは芸術であり、天才の業である。「芸術のただひとつの起源は、イデアの認識である。そして芸術のただひとつの目標は、その認識の伝達ということにほかならない」(主著正編第三巻第三六節、邦訳四〇頁)。

すなわち、ショーペンハウアーにとって芸術とは、天才が純粋な観照を通じて、「表象としての世界」の設計図であるイデアを把握し、それを作品のうちに再現することである。ここでいう純粋な観照とは、認識主観が意志の支配から逃れて、「世界の本質を映す明澄な鏡」となることだ。そうして芸術は世界の本当の姿を明らかにする。

優れた芸術作品とは、天才が自ら観照したイデアを他人に伝達するものなのだ。その作品を通じて、鑑賞者は直接イデアを認識するよりも、はるかに容易にそれを認識できるようになる。天才的な芸術家の認識というものは、雑多な現象とイデアとを区別し、作品のなかにイデアのみを認識しやすくなるように表現しているからだという。

なお、ここでいう天才とは、純粋な観照をおこなう能力を圧倒的にもっている者のことだ。すなわち、認識に意志への奉仕をさせずに、自分の利害関心を放棄して、純粋な認識主観となる能力をもつ者である。ただしこの能力は平凡な者にもわずかながら備わっている。だから平凡な者も、芸術作品や自然などの美しいものに心を動かされるのだ。

芸術とイデアの諸段階

ショーペンハウアーによれば、芸術にはさまざまな段階がある。建築術や水道術、風景画、動物造形、歴史画、宗教画、文芸、悲劇などだ。その諸段階の芸術のさまざまなジャンルは、この世界に存在するさまざまな事物の本質を描き出すものになっていて、とりわけ意志の客体化の諸段階であるイデアの諸段階に対応するものになっているとショーペンハウアーは考えている。

最高にして唯一無二の本物の芸術は、ショーペンハウアーによれば、音楽である(主著正編第三巻第五二節)。音楽は「意志それ自身の模写」なのだという。ショーペンハウアーが愛した音楽は、たとえばモーツァルトや、ロッシーニ(オペラ)、ベートーベン(交響曲)だった。ショーペンハウアーによれば音楽は、世界の内奥の本質を、世界それ自体を音によって表現できるのだという。低音から高音までを用いることで、意志の客体化の諸段階である多様なイデアを示すことができる。たとえば低音は無機物の世界を、高音が植物界から動物界までを、そしてメロディーが人間の生を、意志に操られた無尽蔵の意欲とたえざる苦悩を表現しているのだという。

そうして芸術が意志そのもののあり方を描き出すとき、それを鑑賞している者たちの意志が鎮静化することがあり、そのときわたしたちは純粋な認識主観になって、ただただ世界の真の姿を映す鏡となる。ここに至るとわたしたちは、意志やそれにもとづく欲望から自由になることができる。それは瞬間的で不完全なものにすぎないが、わたしたちの目的のない人生のなかに意志から自由になる瞬間があるという事実は、ほとんど四六時中意志に奉仕させられ続けているわたしたちにとって希望となり、慰めになることだろう。

共苦による意志の否定

「意志の否定」が生じる瞬間というのは、芸術鑑賞や宗教的禁欲のような非日常的な瞬間だけではない。わたしたちの日常のなかにも、「生きようとする意志」を否定する瞬間がある。それが他者の苦しみに対する「共苦」の瞬間だ。

たとえば、海や川で溺れかけているひとを見かけて、なんとか助けようとつい飛び込んでしまう、そういうひとが少なからずいる。毎年のように、夏になるとそういうニュースを耳にすることだろう。他者を苦しみから救い出そうと、つい身体が動いてしまう。ショーペンハウアーによれば、こうした他者と「共に苦しむ」感情こそが真に道徳的な感情であり、そうした動機の持ち主こそが真に有徳なひとなのだという。

ショーペンハウアーは主著第四巻で「心のもち方の善良さ」について考察していて、「徳についての理論」を探究している（主著正編第四巻第六六節、邦訳一四三頁）。そして、後に『倫理学の二つの根本問題』で明確に述べているとおり、ショーペンハウアーが徳として提示するのが「正義」と「人間愛」だ（「道徳の基礎について」第一六節、邦訳三二八頁）。それをひとつの命題の形にすると「誰をも害するな、そしてむしろ、できるかぎり万人を助けよ（Neminem laede; imo omnes, quantum potes, juva）」となる。これは「倫理学の最高の基本命題」と呼ばれるものだ。

「同情」とも訳される「共苦」（Mitleid ミットライト）は、まさにだれかと「共に mit」「苦しむこと Leiden」である。わたしたちは、他人の苦しみを感じることなど原理的にはできないはずだ。だが、だれかが苦しんでいるのだということがありありとわかって、まるで自分が苦しんでいるかのように、その苦しみの原因を取り除こうと身体が動いて助けてしまう、そういう善なる心の持ち主がいる。

「共苦」は、しようと思ってできることではないし、そうすべきだと押しつけることもできないものだ。「共苦」の瞬間は到来するものなのである。

ショーペンハウアーによれば、まれに、他者とともに苦しんでしまうひとがいるのだという。他者を助けようとする動機をそなえた性格のひともいれば、エゴイスティックな性格のひと、あるいは他者を苦しめようとする悪意を持ちやすい性格のひともいる。そして、生まれ持った性格は不変なのだという。どんな人間関係で育とうと、いかなる教育を受けようと、知恵はついても心情は改善されない。ただし、これが重要な点なのだが、自分や他者がどのような性格の持ち主なのかは、本当のところは決してわからない。ある程度のことは経験によってわかってくるだろうが、その全体像はわからないのである。したがって、自分を見つめるとき、他者とかかわるとき、そこには必ずブラックボックスになっている部分があって、わたしたちは自分や相手が善なる心の持ち主であることを期待し続けるほかない。自分や他者とのかかわりには、そうした祈りが含まれざるをえない。この意味で、だれもがそうした善なる心の持ち主である可能性がある。

ただし、ここまでに見てきたとおり、ショーペンハウアーの考えでは、そもそもわたしたちはだれもが「生きようとする意志」に支配されているものだ。エゴイスティックな欲望に振り回され、それが挫折させられるたびに苦しみ、首尾よく何かを手に入れてもすぐに退屈して、また別のものを求めてしまう、そういう無意味で目的のない人生を生きている。だれかの利益を確保しようとする営みも新たな苦しみの種でしかなく、だれかを積極的な意味で幸福にしてあげることなど、決してできない。

だから、真に道徳的なひとであっても、「他の人々の苦しみを緩和してあげるといったこと」くらいしか、できることはない（主著正編第四巻第六七節、邦訳一五七頁）。そうした道徳的な行いの源泉となるのが、「他人の苦悩に対する認識」であり、「他人の苦悩を自分の苦悩と同一視している」ときの感情、すなわち「共苦」なのである。

なぜこのようなことが起こるのだろうか。わたしたちは普段自分の身体だけに意志を見出し、それが妨げられるときに苦しみを感じる。わたしたちは認識主観として、自分の表象と他人や諸事物の表象とをはっきりと区別して認識している。そして、わたしたちは自分だけを意志と連動しているものととらえ、苦しみの源泉とみなしている。だが、「意志」は、決して私だけに固有のものではないし、表象の数だけ別々の「意志」があるわけでもない。ショーペンハウアーによれば、さまざまな表象を個々のモノとして区別している状態を突破すれば、「意志」は一つなのだ。

だれもが実は同じように「生きようとする意志」に支配され、苦しみを抱えている。「共苦」の瞬間には、自己と他者を隔てていた「個体化の原理」が崩れ、だれもが同じ「意志」であることが直観される。「わたし」はいつも自分だけを救おうと「意志」によって駆り立てられているが、この「意志は一つである」という真なる認識に達することによってわたしと他者との区別が取り去られるとき、生きとし生けるものが同じ無限の苦しみのうちにあり、救われたがっているということがわかる。

ショーペンハウアーによれば、「意志は一つである」ということの真理は、ウパニシャッドの「マハーヴァーキヤ」（偉大な言葉）にも見出すことができる。すなわち、「タット・トヴァム・アシ」（tat tvam asi）――「汝がそれである」（主著正編第四巻第六三節、邦訳一一〇頁）。汝は、かの苦しんでいる者と同じものである。汝は、生きとし生けるものと一つである。

そうして他者の苦しみを自らの苦しみと完全に同一のものとして認識できたとき、自分だけが救われたいという動機はかき消える。ただし、このとき真に道徳的な性格の持ち主は、自分が生きようとすることを打ち捨てるだけでなく、むしろ自らを犠牲にしてでも他者を苦しみから救おうとして身体が動いてしまう。そうして彼は、他者を救い、他者の生を肯定することを選ぶ。それゆえ「共苦」は利他の教えであり、完全なる「意志の否定」ではないのである。

宗教的禁欲の本質は意志の否定である

では、ここからはショーペンハウアーの主著のクライマックスであり、その求道の到達点である、宗教的な禁欲における「意志の否定」について見ていこう。

禁欲は、一般的には、(人格の陶冶や救済、解脱など)なんらかの精神的な目標に至るために快楽を節制することだ。こうした営みを世界中の宗教的伝統や文化習慣のうちに見出すことができる。たとえば、ヒンドゥー教社会での婚前交渉の禁止、ジャイナ教の断食による不殺生の徹底や性的行為の禁止だ。仏教では、諸派により禁欲の程度が大きく異なるが、修行中の肉食が禁止されている。ほかにも、キリスト教のカトリック司祭の妻帯の禁止などが挙げられる。

ショーペンハウアーによれば、禁欲に向かう諸宗教には共通する本質があるのだという。キリスト教の聖者もインドの聖者も、教義においてはそれぞれ異なるが、彼らのふるまいの出発点にあるのは、ひとしく「意志の否定」という真なる認識である、というのがショーペンハウアーの主張である。すなわち、どんな宗教であろうとも、真の救済や解脱を達成するのは「意志の否定」の認識である。

そこで重要なのは、自殺に向かうような暴力的な行為によって「意志の否定」に至るのではなく、あくまで「意志の否定」は認識であり、「意志」についての哲学的な認識を完成させることでその境地が訪れるのだということである。そして、ショーペンハウアーによれば、その境地を保つために、禁欲や苦行が必要になるという順序になっている。「意志の否定」とは、ショーペンハウアー哲学がたどり着いた究極的な「認識」である。その「認識」は、自分も他人も生きることに同じように苦しんでいるという直観にもとづくものである。これは、自他の区別という認識主観の枠組みを取り除いた、純粋な「意志」の現象についての直観である。すなわち、「意志」が自らを「客観化」することで生じていた「マーヤーのヴェール」が取り払われ、個体を生かそうとする動機であることをやめて、「意志」が「意志」そのものを純粋に自己認識するに至るのである。そうして、他なるものもまた、実は自らと同じく苦しんでいる「意志」なのだということ、まさに「汝がそれである」という真なる認識が成立する。またその認識が、何かをしたいと欲するいっさいの意欲を否定し、「生きようとする意志」を根本的に鎮静化するものとなったときに、はじめて完成に至る。それが完全なる「意志の否定」の境地である。

ショーペンハウアーによれば、聖者は「意志」の本質を直接的に洞察し、完全なる「意志の否定」の境地に到達していて、その認識が彼らのふるまいを導いている。彼らは完全なる「意志の否定」の状態にとどまるべく、「自発的で意図的な貧困」を求め、「意志のたえざる禁圧」、「意志をしだいしだいに打ち挫き、押し殺していく」禁欲に身を任せる（主著正編第四巻第六八節、邦訳一七二頁以下）。

ショーペンハウアーはこうした「意志の否定」のふるまいとして禁欲や苦行を挙げ、古代インド仏教を称賛する。「輪廻」からの解脱という思想に見られるような、「否定」の生き方をこの上なく高く評価するのだ。同様に、こうした「否定」の契機はアッシジの聖フランシスコのような、キリスト教の聖者のふるまいにも同様に見出されるのだという。そしてそのふるまいはいわゆる「人間愛」を表現するのみならず、その完成形としては、完全に自己を放棄すること、すなわち「諦念」（「捨離」、「涅槃」とも言われる）を表現するものとなるのだという。

ただし、恣意的に「諦念」に至ることはできない。それは、キリスト教でいう「恩寵」

のように向こうからやってくるもの、どうやってたどり着くのかもわからない「無」の境地のようなものなのだという。ショーペンハウアーにとって、禁欲や苦行によって否定を続け、「無」の境地にとどまろうとする営みこそが、宗教の本質なのである。

無尽蔵に湧き続ける欲望を肯定し、より多くの満足感を手に入れようと努力し続けること——わたしたちの日常は、こうした「意志の肯定」という生き方一色である。だが、出口がないもののように思える日常を、すなわち「マーヤーのヴェール」を超出したところにショーペンハウアーは真理を求め、意志からの自由という希望を見出したのだ。以上のことから、ショーペンハウアーの主著『意志と表象としての世界』は、意志の支配からの自由の可能性を探究した哲学書だといえるだろう。わたしたちがなぜ生きよう生きようとするのかを哲学的に主題化し、人生の本質に迫るこの書は、欲望に駆り立てられて、ぎりぎりの選択を続けて生きていく人生に倦み疲れた現代人にとって、そもそも人生とは何なのかを哲学的に問い直すための最良の手引きとなることだろう。

第三章　人生いかに生きるべきか

——晩年の『余録と補遺』に見る処世の哲学

1　ショーペンハウアー哲学のもう一つの側面

求道の哲学／処世の哲学

ショーペンハウアーがその主著『意志と表象としての世界』で提示したのは、〈求道の哲学〉だった。すなわち、ショーペンハウアーは生きることの苦しみを主題化し、その元凶である「意志」を否定することを根本教説として提示したのである。若きショーペンハウアーは、苦しみに満ちたこの世の醜さに「否」をつきつけ、無目的な意志の支配を断ち切ろうとし、自由への逃走を試みたのだともいえるだろう。「青春の哲学」と呼ばれる所以もここにある（『ショーペンハウアー　随感録』、秋山英夫訳、「解説」三三六頁）。

だが、ショーペンハウアーが書いたもののなかで、最も多くの読者を獲得してきたのは彼の主著ではない。それは、彼が六三歳になった頃、一八五一年に刊行した『余録と補遺』という著作である。そこに収録されていた「人生の知恵のためのアフォリズム」（Aphorismen zur Lebensweisheit）が大変な人気を博した。その内容は驚くべきことに、幸福論である。すなわち、若者に向けて、人生の酸いも甘いも知る熟年期のショーペンハウアーが生き方の知恵を授けてくれる、生き方についての指南書だ。このような人生訓の類書は、西洋では古代ギリシアのヘシオドスやアリストテレスの『ニコマコス倫理学』以来、二〇世紀のアドルノ『ミニマ・モラリア』にいたるまで、豊かな伝統がある。『余録と補遺』は、イギリスでショーペンハウアー思想についての紹介記事が出てから広く読まれるようになり、ついにはショーペンハウアーをヨーロッパで最も影響力のある書き手の一人にした。

第三章では、この『余録と補遺』について取り上げることで、ショーペンハウアー哲学の人生論としての側面に光を当てていきたい。

ショーペンハウアーの幸福論は、幸せを願う読者の期待を鮮やかに裏切って、幸福になりたいだなんて、無駄だからやめておけと言ってのける。この書は、ありきたりな指南書や自己啓発本とちがって、自己欺瞞に導いたり、優しい言葉で読者の承認欲求を刺激したり、欲望のはけ口を与えて甘やかしたりはしない。むしろ皮肉と軽妙な語り口によって冷や水を浴びせ、不思議とすっきりした「あきらめ」の境地に導いてくれるような、他に類を見ない生き方指南書となっている。ショーペンハウアーは、わたしたちが日常的に幸福と呼んでいるものの正体を「あきらかにする」ことで、「あきらめる」ことへと導いてくれる。つまり、この本が示してくれるのは諦観の思想であり、ショーペンハウアー哲学の人生論としての側面である。

パレルガ・ウント・パラリポメナ

これが『余録と補遺』の原題だ。主著やほかの著作に収まりきらなかった論稿を拾い集め、補完的にまとめたもの、ということだろう。この本はあくまで主著の添え物であり、その哲学の核心は変わっていないのだということが、タイトルからして強調されているわけだ。だが、光源と角度を変えることで異なる輝きを放つ宝石のように、この著作はショーペンハウアー哲学の思いがけない魅力を示してくれる。『余録と補遺』第一巻には、六つの論稿が含まれている。[*19]

①「観念と実在に関する学説史の素描」
②「哲学史のための断章」
③「大学の哲学について」
④「個人の運命に宿る意図らしきものについての超越的思弁」
⑤「視霊とこれに関連するものについての研究」
⑥「人生の知恵のためのアフォリズム」(邦題『幸福について』)

この六番目のエッセイが『余録と補遺』の中心とみなされていて、ドイツでは現在もなおレクラム文庫で読み継がれている。日本でも、『幸福について』[*20]というタイトルで文庫本として手に入る。『読書について』や『自殺について』といった文庫は、『余録と補遺』第二巻から抜粋されたものだ。

主著で示されたとおり、ショーペンハウアー哲学の根本教説は「意志の否定」だ。この世のすべてを厳しく否定し解脱に向かう、〈求道の哲学〉である。これはたいていの人にとっては実現しがたい、少数の者のための峻厳な思想だといえる。『余録と補遺』でも「意志の否定」が根本教説だという点は変わらない。

ただし、明確な違いがある。後者で想定されている読者は、「意志の否定」の重要性はわかるのだけれども、それでもこの世で生きていかなければならないたいていの者たちであり、そうした者たちのための実践の書になっていると考えられるのだ。ショーペンハウアー自身、卑屈に嘆き続けていたわけでも、ひたすら禁欲と苦行に身を捧げたわけでもない。堂々たる哲学的な真理を胸に抱きつつ、生き生きと暮らしていたことが、その晩年の暮らしぶりをみれば明らかである。

プードルと散歩する哲人[*21]

ショーペンハウアーが『余録と補遺』を執筆したのは、フランクフルト時代である。

フランクフルトでのショーペンハウアーの暮らしぶりは、落ち着きのある、楽しい日々だったようだ。朝起きて家事をすませたら、午前中は読書をし、フルートでロッシーニを吹く。昼には決まって街の中心部にあった高級店「イギリス亭」に出かけ、「カジーノ協会」の図書室に寄ってから、プードルと午後の散歩に行った。生涯読み続けてきた『タイムズ』誌で世界情勢をチェックし、ガス燈に照らされた夜の街にはあまりでかけず、ウパニシャッドなどを読んで静かに過ごしていたといわれている。

ショーペンハウアーは、ゲッティンゲンでの学生時代からずっと、プードルを飼っていたといわれている。フランクフルトでも白いプードルを飼い、最晩年は茶色のプードルと暮らしていたらしい。とりわけ愛情をこめてこの茶色いプードルを「ブッツ」（Butz 小さな子）と呼んでいたようだが、ショーペンハウアーはすべてのプードルに「アートマン」という同じ名前をつけていたともいわれている。アートマンとは、インド哲学の中心概念の一つで、すべての個々の魂の源である「真の自我」のことだ。ショーペンハウアーがどのプードルにも同じ名前をつけたのは、個々のちがいを超えて生きとし生けるものすべてを愛しているのだという考えだったのかもしれない。[*22]

丈の長い古風な上着を着て、プードルとともに午後の散歩を楽しむショーペンハウアーは、フランクフルト市民のあいだでもちょっとした有名人だったらしい。その姿は、峻厳なる否定の哲学者にして、「生の悲惨さ」を見つめるペシミストだった若きショーペンハウアーのイメージとは、ずいぶん趣きが異なっている。むしろフランクフルト時代のショーペンハウアーは、「生の悲惨さ」という現実をまっすぐに見つめたからこそ幸福な人生を手に入れ、堂々と人生を謳歌したように見える。はたして、晩年のショーペンハウアーにとって生きるとは、幸福とはどういうことだったのだろうか。ここからはショーペンハウアーの人生論をさまざまな切り口から紹介していこう。

2　ショーペンハウアーのアフォリズム

自分で考えること

『余録と補遺』には、ショーペンハウアーの人生論のエッセンスが凝縮されたアフォリズムが数多く収録されている。アフォリズムとは、短い断片的な文章で語られる警句や箴言のことだ。まずは、第二巻の「自分で考えること」から。

結局のところ、自分で根本的に考えたことにだけ真実と生命がある。それだけが本当に完全に正しく理解できるものだからだ。本で読んだ他人の思想は、他人の食べ残し、他人が脱ぎ捨てたお古にすぎない。

わたしたち自身の内に生じる思想が春に咲く花であるのに比すれば、本で読んだ他人の思想は石に刻まれた太古の花の跡のようなものだ（「自分で考えること」『余録と補遺』第二巻第二二章第二五九節）。[*23]

自分で考えること（Selbstdenken）、それが何かを考えるときに最も重要なことなのだ。「読者」でいることに慣れすぎているわたしたちは、すぐに最短距離で他人の思想を学ぼうとしてしまう。だが、自分の言葉で表現できるようになる瞬間が来るまで、花が咲くのを春まで待つように、時間をかけたほうがよい。哲学的な思索は「急がば回れ」だということだ。でなければ、本当に何かをわかったことにはならない。視点を変えてみれば、ショーペンハウアーが書いたものをわたしたちがありがたがるのはおかしいということにもなるだろう。これがおかしいと思えてこそ、ショーペンハウアーが言っていることがわたしたちに伝わったということになる。本なんて読まずに、自分で考えたほうがいい。こうしたことを明け透けに言ってのける遠慮のなさにも、ショーペンハウアーの文章の魅力がある。

「心理学的覚え書き」から

次に、「心理学的覚え書き」から引用しよう。

ねらってそうしたわけでもないのに的を射ていることに、ヨーロッパのあらゆる言語で、個人を表すのにペルゾン（Person）という語が用いられる、ということがある。というのもペルソナ（persona）はもともと俳優の仮面という意味であり、いかなる者もあるがままの自分を示すことはなく、むしろ誰でも仮面をつけて役を演じているものだからだ。総じて社会生活の全体はたえず喜劇の上演である。間抜けな者たちはそれを大いに気に入っているが、中身のある者たちは、そのために社会生活などばかばかしくなるのである（「心理学的覚え書き」『余録と補遺』第二巻第二六章第三一五節）。[*24]

偉大で抜きんでた性質の者たちは、自分の欠点や弱点を自ら平気で認めたり、見せようとしたりする。彼らはそうすることで弱点が帳消しになる、あるいはそうした弱点が彼らの恥になるどころか、むしろ弱点を栄誉に変えることになるとさえ考えているのだ。とりわけこのことが事実そのとおりであるのは、欠点がまさに彼らの偉大な性質と結びついている場合である。つまり欠点がその不可欠の条件になっている場合で、〔…〕ジョルジュ・サンドが言っているとおり、「だれでも自分の徳にふさわしい欠点を持っている」ものなのだ（「心理学的覚え書き」『余録と補遺』第二巻第二六章第三四二節、邦訳二三二頁以下）。[*25]

箴言家としてのショーペンハウアーは、わたしたちの心痛のもとになっている思い込みを短く鋭い言葉の一突きで雲散霧消させ、肩の力を抜いて生きることを教えてくれる。たとえば、最初のアフォリズムで念頭に置かれているのは、人づきあいに悩んでいるひとのことだ。ショーペンハウアーによれば、人づきあいなどそもそも仮面をつけた化かしあいにほかならないのだから、そんなことを真剣に悩む必要などないのだという。

あるいは、二つ目の引用で念頭に置かれているのは、自分の弱点や欠点を気にして、それを隠そうとばかりする人のことだ。そうした人は、そもそも自分のことを積極的に理解しておらず、欠点がないことを自分のとりえだと思っている。しかし、欠点があるということは、むしろ美徳の持ち主の証なのかもしれない。過度に憶病な者は危機察知能力に優れているのかもしれないし、傷つきやすく繊細な者は人一倍他人に優しくできる可能性を持っている。そして、ショーペンハウアーによれば、たとえそうした長所を自覚できていなくとも、欠点は隠すよりも見せたほうがよいのだという。自分の欠点を認められる人は、その程度の欠点では自分の真の姿は傷つかないのだということを周りの人に示すことができるからだ。

3　幸福とは何か

『幸福について』という書物

ここでは、『余録と補遺』の白眉であり、ショーペンハウアーの人生論としての側面が凝縮されている『幸福について』がどういう書物なのかを確認しておこう。

まず、この論稿は「序言」から始まり、「第一章　根本規定」、「第二章　『その人は何者であるか』について」、「第三章　『その人は何を持っているか』について」、「第四章　『その人はいかなるイメージ、表象・印象を与えるか』について」、「第五章　訓話と金言」、「第六章　年齢による違いについて」という六章からなる。

第一章では、人間を幸福にする「三つの財宝」が規定され、第二章から第四章はその三つについて詳しく論じられていく。第五章は、それぞれテーマの異なる五〇以上もの断片的な短い文章からなり、少しずつ読み進めるにはぴったりの箇所になっている。第六章で、幼年期と青年期、そして老年期をどう過ごすべきかを論じることで、この書物全体が締めくくられる。

なお、注意しておいてほしいのは、この書物には男尊女卑や人種差別が含まれているということだ。もちろん、古典を真に理解するためには、読者たる自分自身よりも著者のほうが全面的に正しいはずだという前提で読む必要がある。だが、差別的・暴力的な言説についてはそのかぎりではない。それを真に受けてしまうことで読者自身が傷つき、あるいはその内容を広めることで誰かを傷つけてしまう危険性があるからだ。したがって、ショーペンハウアーの『幸福について』は、批評的意識をもって読む必要がある、取り扱い注意の書物なのだと言っておかねばならない。

幸福についての臆見

では、いよいよ『幸福について』の内容を見ていきたい。「人生をできるだけ快適で幸福なものにする」こと。それが『幸福について』の冒頭でショーペンハウアーが掲げる生き方の指針である（邦訳九頁）。この「できるだけ」というところが、ことのほか重要である。わたしたちは、「できるだけ」の範囲を見極めなければならない。これは、より多くの幸福を求めるのではなく、「できるだけ」苦しみを少なくすることだと解釈できる。それが失望のうちに沈みきってしまわぬように生きていくための秘訣なのだ。

すなわち、「思慮分別のある人は、快楽ではなく、苦痛なきをめざす」。これをショーペンハウアーは『幸福について』第五章冒頭で、アリストテレスの『ニコマコス倫理学』が提示した「人生の知恵の最高原則」だとしている(邦訳一九〇頁)。

幸福とはいったい何だろうか。わたしたちは幸福になりたいと願い、当たり前のように、「〜したい」、「〜になりたい」という欲望がより多く満たされ、快楽が得られれば幸福になれると考えている。そうして欲望を満たし続けて、ずっと快い生活が続くこと、それが人生の究極目標だとさえ考えてしまいがちだ。だが、人生には挫折と失望がつきものである。そもそも欲望というものはたいていの場合、他者の欲望とぶつかってしまい、すぐに挫折させられてしまう。挫折を乗り越えて他者を打ちのめし、欲望が満たされて快楽を感じることがあったとしても、すぐに退屈がやってきて、別の欲望がまた襲ってくる。欲望にゴールはない。

はたして、「欲望の満足＝快楽＝幸福」というのは、正しい考えなのだろうか。これはむしろ、哲学的な吟味によって退けるべき臆見なのではないか。この臆見を抱え込んでしまっているために、わたしたちはむしろ苦しんでいるのではないか。

ショーペンハウアーの幸福論は、「どうすれば欲望を満たすことができるか」を教えてくれはしない。むしろ、「より多くの欲望を満たせばより幸せになれる」という、幸福についてのお決まりの臆見を解体することをねらっている。「より幸せになろうとする」よりも、「できるだけ苦しみを少なくする」こと。それが、人生そのものに失望してしまうことを避け、心穏やかに生きていくためにショーペンハウアーが教えてくれる「人生の知恵」なのである。

三つの財宝

ここからはさらに、『幸福について』の内容を詳しく見ていこう。「第一章　根本規定」では、先述したとおり、幸福の礎となる「三つの財宝」について規定されている。要は、それらを持っているかどうかで、幸福な人生になるかどうかが決まってしまうのだというのだ。

第一に、「そのひとは何者であるか」。すなわち、人柄や個性、人間性などの内面的性質が第一の財宝とされる。そこには健康や力、美、気質、徳性、知性、そしてそれらを磨いていくことも含まれるのだという。

第二に、「そのひとは何を持っているか」。これは、金銭や土地といった財産、そのひとが外面的に所有するものだ。

第三に、「そのひとはいかなるイメージ、表象・印象を与えるか」。これは、端的に言って他者からの評価であり、名誉や地位、名声である。

わたしたちはたいてい、第二のものや第三のものを追い求めてしまう。まさにこれらは、「〜がほしい」、「〜されたい」という欲望の対象で、どれほど多くを手に入れても、決して満足できないものである。したがって、何かを手に入れさえすれば幸福になれるという考えは、取り去るべき臆見だといえる。

もちろん、こうした第二、第三の財宝がまったく価値がないものだということではない。生きていくためにはこれらが必要であることは言うまでもないし、それらを手に入れることをよいことだとわたしたちは当然考えているし、社会生活もまたそれらの価値を中心に出来上がっている。そうしたものを一切捨て去るべきだというのが主著の〈求道の哲学〉だとするならば、『幸福について』で力点が置かれているのは、第二、第三の財宝よりも第一の財宝のほうが価値あるものだという優先順位を「あきらかにする」ことである。

結局のところ、「〜がほしい」、「〜されたい」という欲望を節制し、コントロールできるような、穏やかな内面的性質を備えているひとこそが幸福な人生を送るのではないだろうか。すなわち、ショーペンハウアーによれば、あるひとが幸福な人生を送るか、それとも不幸な人生を送るのかは、第一の財宝である内面的性質に最も左右されるのだという。

たしかに、人生の道行きの中で、その出発点に何を所有していようとも、またどんな出来事が起き、ひとにどう思われるに至ろうとも、それをどう感じるかは、そのひとの内面的な個性による。

たとえば、気高い性格や、明晰な頭脳、楽天的な気質、心根の明るさ、心身ともに健康であること、こうした諸性質をいくらかもっていて、さらに維持増進していける人は、幸福な人生を送るための基盤が備わっているのだといえる。わかりやすいのは心身の健康だ。これがないと、どれだけ多くの財産を持っていても、そもそも楽しんだり快楽を感じたりすることさえできず、幸福だとは言えないからだ。

わたしたちはたいてい、「〜さえ手に入れれば、〜に認めてもらえたら、〜にさえなれれば幸せになれる」と考えてしまいがちだ。だが、何が手に入ろうと、誰に認められようと、陰気な者は決して喜ぶことができず、憂鬱な気質の者はずっと不安から逃れられない。気高い性格をした者は、世間が羨ましがるような莫大な財産や高い地位など持っていなくても、自分が自分であるだけで満ち足りていて、誇りを失うことがない。

ショーペンハウアーによれば、陽気であったり陰気であったりする気質や、明るかったり憂鬱だったりする気分の原因となっているのは、身体の奥深くに備わっている、不変の内面的な性質なのだという。

内面的な性質は、心の中で「受容力と再生力とのバランス」を生み出すものだ（邦訳三四頁)。わたしたちの心は、外面的な刺激をさまざまな仕方で受け止め、また通常の状態に戻るための、心の反応力とでも呼ぶべき力を備えている。それがどの程度の強さなのかはひとによって異なっていて、明るい気質のひとは何が起きても軽やかに受け止め、次のプロセスにすぐに進もうと軽やかな反応を見せるだろう。これに対して、憂鬱な気質のひとは、どんな出来事にも過度の感受性を示して重く受け止め、細部まで探り尽くさないうちは不安で決して次に進めないものである。

内面の富

以上のように、あるひとがいかなる内面的性質をもっているのかが、幸・不幸を隔てる最も重要な要素となる。これをショーペンハウアーは「内面の富」と呼んでいる。わたしたちはたいてい、財産や他者からの評価など、外面的なものに気を取られてしまいがちだ。だが、「内面の富」を持っている者は、「まったく輸入せずにすむ国がいちばん幸福であるように」、外からやってくるものを必要とせず、自らに満足できる。すなわち、

だれでも、自分にとって最良で肝心なことは、自分自身であることにちがいないし、自分にとって最良で肝心なことは、自分自身で成しとげるものだ。自分にとって

最良で肝心なことが多ければ多いほど、したがって、自分自身の内に見出す楽しみの源泉が多ければ多いほど、それだけ幸福になる（邦訳四八頁）。

もちろん、財産の多寡や他者からの評価などの外面的な富をまったく気にせずにいられるひとなどいないだろう。わたしたちは日々これらのことを気にかけ、神経をすり減らしている。だが、ショーペンハウアーは以下のように断言する。

およそ生あるものは、自分自身のために、何よりもまず自分のために独自の生を営み生存するほうがよい。――どんな在り方でも、自分自身にとって最優先すべき最も大切なことは、「自分は何者なのか」ということであり、もしも、たいした価値などありはしないというなら、そもそも、たいしたものではないのだろう（邦訳一七五頁）。

外からやってくるものよりも、内に備わっているものこそが、幸福の源泉なのである。財産や他者からの評価よりも、自分で自分を評価し、そうして見出した内なる本質を育て、開花させていく孤独な営みこそが、幸福につながっている。もしも自分が「内面の富」なんて一つも持っていない、そんなたいした人間ではないというなら、そんなちっぽけな者がどうなろうと、そもそも気に病む必要などないだろう。

何をどれだけ手に入れたか、ひとからどう思われたか。こうした外面的なことがらよりも、自らの内にもともと宿っている「富」に目を向けることが重要なのだといえる。たとえそれがいまだ種でしかなくとも、いつか花開いて実を結び、幸福という収穫をもたらすその日まで水をやり続けること。それがショーペンハウアーの教える、幸福への第一歩なのである。

生きることと老いること

すでに見たとおり、ショーペンハウアーにとって幸福とは、より多くの欲望を満たすことではなく、むしろなるべく欲望を鎮め、心の平穏を得ることだった。そのために、次から次へと欲望を掻き立てる「外面の富」よりも、もともと備わっている「内面の富」に目を向けるべきなのである。

青年期には、より大きな幸福への憧れに支配されて、欲望のままに行動したくなるものだろう。そうして青年は欲望にひきずられながら世間をさまよい、美しい印象を与えるものを欲しがり、自分もそうあろうと我を忘れてしまう。ショーペンハウアーによれば、「青年期は詩に向いており、老年期は哲学に向いている」（邦訳三七〇頁）。

老人は、これまでに培った経験によって、ことに人生の後半部には、幻影のような幸福よりも、不幸のほうが実在的なものだということが理解できるようになるのだという。長く生きていれば、周囲にいた人々がどんどん視界からいなくなっていき、死を目の当たりにしていくものである。そのとき、生について客観的に考えれば、その本質が苦しみであるということがわかるようになるのだ。だから、とりわけ老年期になると、より大きな幸福を求めて避けがたい苦しみのなかに自ら飛び込んでいくよりも、なるべく不幸を避けて、心穏やかに暮らすことこそが真の幸福だということに気がつくのである。

魂の世話

ショーペンハウアーの『幸福について』における幸福論は、「魂の世話」としての効用をもっていると言ってもよいだろう。古代ギリシア・ローマ以来の哲学思想の伝統のなかには、哲学的に考える方法やその教えをある種の「ケア」(=世話、気遣い)とみなす思潮がある。もちろん、哲学というものは「知への愛」であり、真理の探究をねらいとする、純粋に理論的な営みである。だが、心痛のもとになってしまうような臆見や思い込みを解消する哲学の営みは、健康でバランスの取れた、理性的な人生を生きるための、ケアの一環としても広く理解されうるものである。

たとえばソクラテスは、金銭や評判、名誉のことよりも、「魂」をできるだけ優れたものにすることを何より重要なことだとみなしていた。あるいは、古代ギリシアのエピクロスという哲学者は、死の恐怖を癒すために、ある種のセラピーとして唯物論の考えを提案していた。すなわち、この世界に物質しか存在しないのだとしたら、死後の世界や自分の魂のゆくえを怖がる必要はないのだとしたのである。

この伝統において、哲学的に考えることとは、ことがらの本質を客観的に解明することによって、非理性的な欲望を鎮め、心を乱してしまう臆見を解体する営みだったといえるだろう。この伝統のうちにショーペンハウアーを位置づけられるのだとすれば、彼が示してくれている幸福への道のりとは、何かを手に入れて欲望を満たすことなのではない。むしろ「意志の否定」の立場から、苦しみの源泉となっている臆見を客観的な議論によって解体し、欲望を鎮静化させる道のりである。ショーペンハウアーの哲学は、「意志の否定」という真理に照らして、過ぎたものを求めることを「あきらめ」、より重要な幸福の種が何なのかを「あきらかに」することで、心を穏やかに生き抜く術を教えてくれるのである。

以上のことから、『幸福について』に最もよく表現されている晩年のショーペンハウアーの思想は、〈処世の哲学〉として特徴づけることができるだろう。若き日の〈求道の哲学〉は、俗世を逃れて「意志の否定」という無の境地を彼方に求め、身を賭して完全なる自己放棄を目指す、求道の哲学だった。これに対して晩年の〈処世の哲学〉は、「意志の否定」という真なる認識をあらゆる物事に応用し、もはや欲望に惑わされることなく堂々と俗世を闊歩する、老練なる処世術なのである。

第四章　ショーペンハウアー哲学のアクチュアリティ

現代日本社会はとにかく生きづらく、どう生きるべきかを見出しがたい状況にある。そうしたなかでこそ、生の本質を見つめ続けたショーペンハウアーの哲学が読まれるべきだ。

本書では第一章で、ショーペンハウアーがなぜ「生の悲惨さ」を主題とする哲学者となったのか、その生涯と旅路を追った。そうした「生の悲惨さ」の根源が「生きようとする意志」にあることを喝破して、ショーペンハウアーは完全なる「意志の否定」の境地を目指した。これについては第二章で扱ったが、続く第三章では、ショーペンハウアーが到達した「意志の否定」という叡智にもとづく生き方について、処世の哲学として特徴づけた。

第四章では、以上のようなショーペンハウアーの哲学が、現代日本社会に生きるわたしたちが苦しみ、悩んでいる問題に、どのような回答を指し示してくれるのかを考えていきたい。

以下で詳しく取り上げるのは、（一）明治以降日本人が抱えてきた「人生問題」について、（二）現代の反出生主義における「生まれてこないほうがよかった」という考えについて、（三）わたしたちの考え方と行動を束縛する歴史のうねりについて、という三つのトピックについてである。

なお、付言しておくと、この三点以外にもショーペンハウアー哲学にはさまざまな応用可能性がある。たとえば近年議論が盛んになってきている動物倫理についてだ。人間が一方的に動物を食物や愛玩物として利用する関係は、不公正なのではないか。それが動物倫理の出発点となる問いである。今日、人間と動物との公正な関係が問い直され始めている。

第二章で見たとおり、ショーペンハウアーは「意志は一つである」と考えていた。主著でショーペンハウアーは古代インドの叡智を引用してこう表現している。「汝がそれである」(tat tvam asi) ——人間も動物も、生きとし生けるものは同じ苦しみを抱えている。したがって、人間だけが苦しんでいるのではない。苦しんでいる動物を根本的には人間と同じとみなすことこそ、公正な認識というものだ。この洞察にもとづくショーペンハウアーの倫理学が目指すのは、動物のみならず、生きとし生けるものを愛し、その苦しみを緩和することである。このように、ショーペンハウアーの主張は、人間中心主義を否定し、「共苦」という考え方によって動物を救う動機を基礎づける存在論および倫理学として解釈できるのである。

1　明治日本におけるショーペンハウアー受容

実は、日本の先人たちもまた、生きづらさが増した時代にこそ、ショーペンハウアーを読んできた。ここではまず、明治期の日本におけるショーペンハウアー受容について見ていきたい。

日本でドイツ思想が注目され、積極的に取り入れられるようになったのは明治一〇年代中葉以降のことである。先進的なイギリス・フランスの思想に触発された自由民権運動の勢力を抑えるべく、明治政府はより保守的なドイツの学問の研究を奨励したのである。そうしてカントやフィヒテ、シェリング、ヘーゲルらのドイツ観念論の受容が始まり、国内における哲学研究の主要な対象となった。

その主な紹介者として、東京帝国大学で哲学を教えた井上哲次郎や、ドイツからやってきた哲学者ラファエル・ケーベルの名を挙げることができる。彼らのもとで学んだ門下生たちが、その後の国内における哲学研究の基礎を造ったと言っても過言ではないのだから、井上とケーベルの影響力は測り知れない。

実は、こうした明治期におけるドイツ哲学の受容に大きな役割を果たした先人たちの多くは、先進的な雰囲気をもち自由の気風を重んじるショーペンハウアーの哲学を高く評価していて、その伝道者としての役割を果たしていた。ここからは、彼らの足跡をたどり、ショーペンハウアーと日本人との最初のかかわりを見ていこう。[*26]

井上哲次郎、ケーベル、高山樗牛

井上哲次郎（一八五五〜一九四四年）はドイツに留学して哲学を学び、一八九〇年に帰国して帝国大学で日本人最初の哲学科教授となった人物である。留学中は、哲学者エドゥアルト・フォン・ハルトマン（一八四二〜一九〇六年）や、ニーチェの友人のインド学者で、後のショーペンハウアー協会の創設者であるパウル・ドイッセン（一八四五〜一九一九年）と親交を結んだ。ハルトマンは、ショーペンハウアーから深く影響を受けながらもヘーゲル主義の哲学を構築した人物であり、井上自身の哲学にも（ひいてはその門下で学んだ日本の哲学者たちにも）大きな影響を与えている。

井上は帰国後、東洋と西洋の哲学史を講義し、特に好んでカントとショーペンハウアーについて論じた。彼が伝えたのは、仏教にひきつけたショーペンハウアー解釈である。つまり、ショーペンハウアー哲学は日本に紹介され始めた当初から、西洋と東洋をつなぐグローバルな哲学としての役割を期待されていたのである。

ラファエル・ケーベル（一八四八〜一九二三年）は、ルートヴィヒ・ブッセ（一八六二〜一九〇七年）の後任者として、一八九三年に帝国大学に着任し、哲学や古典語を教えた人物である。学位論文でショーペンハウアーについて扱い、著作にも『ショーペンハウアーの救済論』や『アルトゥール・ショーペンハウアーの哲学』がある。彼が来日するに至ったのは、井上哲次郎がハルトマンに相談したところ、ハルトマンがケーベルを推挙し、また井上も手紙で「桜咲く日本」にぜひ来てほしいと頼み込んだからだと言われている。

ケーベルのもとで多くの著名な日本人哲学者が育った。たとえばその講義の主な聴講者に、西田幾多郎、桑木嚴翼《げんよく》、姉崎正治、波多野精一、阿部次郎、田邊元、安倍能成、九鬼周造、和辻哲郎らがいる。教養主義者で知られるケーベルは、ハルトマンの「救済」論にひきつけて神秘主義的に解釈したショーペンハウアー哲学の伝道者でもあった。

なお、日本人がドイツ哲学を学び始めた頃、日本語で書かれた哲学書といえば、三宅雪《せつ》嶺《れい》（一八六〇～一九四五年）による『哲学涓滴《けんてき》』と『我観小景』くらいしかなく、そのいずれにおいてもショーペンハウアーの意志の哲学は高く評価されている。

もう一人、ショーペンハウアー哲学の紹介者として、明治期の思想家である高山樗牛《ちょぎゅう》（一八七一～一九〇二年）を忘れてはならない。彼は、後にニーチェ思想を個人主義として紹介し、いかに生きるべきかという問題を論じて広く読者を獲得した。すでに一八九二年、『文学会雑誌』でショーペンハウアーの意志説を厭世論として紹介していたが、より本格的にショーペンハウアー哲学を論じたのは『帝国文学』に掲載した「人生の価値及び厭世主義」であり、ショーペンハウアーはようやく、いかに生きるべきかを論じた思想家として知られるようになった。

「人生問題」とショーペンハウアー

明治時代、とりわけ明治二〇年代から三〇年代に厭世論としてショーペンハウアー思想が受け入れられたのは、当時の青年エリートたちの多くが「人生問題」に悩んでいたからだろう。彼らは、伝統的な文化や慣習の束縛から逃れ、西洋的な近代市民としての自我をいかに確立するかを追究しようとしていたために、心に深刻な葛藤を抱えていた。個人としてどう生きるべきかを真剣に悩み、苦しんでいたのである。

この時代は、個人というものに焦点が当たった時代だともいえる。それまで日本にジャンルとして存在しなかった小説が登場して文化の中心となり、二葉亭四迷の『浮雲』に代表されるように、生き方に悩み、煩悶する個人が題材とされた。小説が身近な娯楽になるにつれ、かけがえのない個人としての生き方への関心が高まり、「人生問題」を現実的なものにしたのである。

「人生問題」は明治期でなんらかの解決を見たわけではない。たしかに、国家全体で急速な発展を求めた明治期の激動に比すれば、大正期は多くの民衆にとって安定の時代だったといえるだろう。ただし、この時代、いかに生きるべきかという問題は、より複雑化し、解決しがたいものになっていったのだと考えられる。

たとえば、青年の心の葛藤に焦点を当て、西洋哲学の論理を手がかりに、内面の理想を究明しようとした随筆評論集である阿部次郎の『三太郎の日記』(一九一四年)は、旧制高校生や大学生の必読書として広く読まれた。いわゆる大正教養主義である。デカルト・カント・ショーペンハウアーの頭文字をとって「デカンショ」と言われ、兵庫篠山地方の盆踊りの歌にこじつけて「デカンショ節」が歌われるようになる。学生たちがどこまで真剣だったのかはわからないが、この時代に、西洋の哲学書を読んで内面を磨き、立派な人格を形成しなければならないという風潮が確かにあったのである。

大正のベストセラーといえば、芥川龍之介の『羅生門』だろう。この作品はもともと、大正四年(一九一五年)に『帝国文学』に掲載されたものだ。そこで描かれたのは、悪を嫌って餓死するか、それとも生きるために盗人になるか、という二者択一であり、救いのない現実である。ショーペンハウアー哲学とも相通じるような、「生の悲惨さ」が表現されているといえるだろう。

このように、明治期以降ショーペンハウアーは西洋を代表する哲学者の一人として、「いかに生きるべきか」を考察した先駆者として、国内で広く読まれてきたのである。

では、明治以降日本人が抱えてきた「いかに生きるべきか」という問題に、ショーペンハウアーならばどう回答するのだろうか。答えは一つ、「意志の否定」である。その真なる認識に至るまで、哲学的な求道を歩むほかない。

真の救い、生と苦悩からの解脱は、全面的な意志の否定なしにはおよそ考えられない。意志が否定されるまでは、人は誰でもまさしくこの意志そのものにほかならないのである（主著正編第四巻第六八節、邦訳二〇七頁）。

混迷を極める現代社会に生きる者にとって、いかに生きるべきかという問題は、いよいよ喫緊のものとなり、わたしたち一人ひとりの選択の重みは、他のどの時代よりも増している。わたしたちがいかに生きるか、どのような選択肢を選ぶのかが、インターネットを通じて瞬く間に地球上に広まり、将来世代の生存環境にも直結してしまっているからだ。ただし、グローバル化を経て視野が広がった今こそ、東洋と西洋をつなげ、あるいはそうした狭い枠組みを超える可能性を秘めた哲学として、ショーペンハウアーが再び読まれるべき時代が来たといえるだろう。今こそ先人に倣って、生の本質を見つめる哲学的な求道を開始するべきときなのではないだろうか。

2 ショーペンハウアーと反出生主義

ベネターの反出生主義

ショーペンハウアー哲学のアクチュアリティとして、他にはどのようなことが考えられるだろうか。たとえば、「生きることは苦しみである」という彼の主張は、現代の反出生主義の議論にも大きな影響を及ぼしているとされ、注目を集めている。

反出生主義とは、「すべての人間あるいは感覚ある生物は、生まれてこないほうがよい」という倫理学上の立場のことだ。[*27] 注意してほしいのは、「生まれてこないほうがよかった」からといって、「では死ねばよい」ということにはならない、という点である。反出生主義の倫理学は、「生まれてこないほうがよかった」という立場で生きる人がいてもよいのだということを、大多数の「生まれてきてよかった」ということを当然のことだと思っている人に対して伝え、抑圧を禁じるものである。というのも、倫理学はまさに、どういう生き方が本当に「よい」生き方なのかを探究し、従来の臆見を更新していく学問だからである。こうした倫理学の研究領域の中で反出生主義が理論的な立場として取り上げられたのは、二一世紀に入ってからのことだ。

反出生主義の理論化によって大きな議論を呼び起こしたのが、デイヴィッド・ベネターの著作『生まれてこないほうが良かった』である。[*28] ベネターによれば、わたしたちは生きているかぎり、苦痛や不快などの避けるべき「害悪」を必ず経験するのだという。こうした「害悪」は、無いほうがよい。そもそも生まれてこないほうが、生まれてきて「害悪」を経験するよりもよいのではないか。[*29] ここに響いているのは、古来、世界中のいたるところで叫ばれてきた、「生きることは苦しみである」という洞察である。

この洞察は古代のギリシア文学やインド哲学、仏教思想に表れ、近代ではゲーテやショーペンハウアー、ニーチェによっても共有されてきた。

たとえば仏教は、まさに生老病死を苦悩として位置づけ、「解脱」を説いてきた。あるいは、古代ギリシアでも、「生きることは苦しみである」という思想が根づいていたようだ。これについては、ニーチェが『悲劇の誕生』で「民衆の知恵」として、以下のように紹介している。ミダス王が、ディオニュソスの従者である半人半獣の賢者シレノスを森の中で追いかけまわし、ついに捕縛して、人間にとって最善のことは何かと問い詰めた。シレノスいわく、

《みじめな一日だけの種族よ、偶然と労苦の子らよ。聞かないほうがおまえにとって一番ためになることを、どうしておまえはむりに私に言わせようとするのか？　一番

よいことは、おまえには、とうていかなわぬこと。生まれなかったこと、存在しないこと、無であることだ。しかし、おまえにとって次善のことは――すぐ死ぬことだ》(『悲劇の誕生』第三節)。[*30]

この時期のニーチェはショーペンハウアーの影響を強く受けている。では、ショーペンハウアーは反出生主義者だったのだろうか。

ショーペンハウアーは反出生主義者か

ショーペンハウアーはヨーロッパにおける反出生主義の代表者とみなされることがある。[*31] そうした見解の根拠とされるのが以下の箇所である。

わたしたちは根本的には存在すべきではなかった何ものかであり、だからこそ存在することをやめるのだ(Wir sind im Grunde etwas, das nicht sein sollte: darum hören wir auf zu sein)。[*32]

したがって、生存はともかく一つの迷妄と見るべきものであって、ここから立ち返ることがすなわち救済にほかならない(Demnach ist allerdings das Dasein anzusehen als eine

Verirrung, von welcher zurückzukommen Erlösung ist)。〔中略〕実際のところわたしたちの生存の目的と称すべきものは、わたしたちは存在しなかったほうが善かった、という認識にほかならない(Als Zweck unseres Daseins ist in der Tat nichts anderes anzugeben, als die Erkenntnis, daß wir besser nicht da wären)。[*33]

たしかにこれらのことばには、反出生主義的な響きを聴き取ることができるだろう。ショーペンハウアーはごく広義の反出生主義者ないしその先駆者だと見なすことができるかもしれない。ただし、細かく見ていけば、現代の反出生主義の主張とのちがいも明らかになってくる。

最初の引用では「死」がテーマになっていて、わたしたちは「存在すべきではなかった何ものか」だからこそ、ずっと存在していることはできない、当然いつかは存在しなくなるのだということが言われている。「根本的には存在すべきではなかった」というのは、日常的な意味で「悪」だということではない、ということだと解釈できる。これは、窃盗や殺人などを犯罪行為として取り決めるときの法律が定める「悪」ではない。また、浮気や嘘を責めるときの道徳的な「悪」とも次元が異なる。もっと根本的な次元においてわたしたちの存在は「悪」であり、その意味でのみ存在しないほうがより「善」である、ということなのである。

すなわち、二つ目の引用で言われているとおり、ショーペンハウアーにとって存在が「悪」であるのは、それが「迷妄」だからだ。わたしたちは生きようとする意志に支配されて、幻影を追いかけてしまっているのである。「表象としての世界」を唯一無二の本当の世界だと思い込んでしまうこと。その中でのルールにしたがって、欲望を満たそうと頑張ることだけが正しいことだと信じ込むこと。それが「迷妄」である。「表象としての世界」の内に生存しているかぎり、この「迷妄」は決して避けられない。

それでもなお、ショーペンハウアーの哲学は、「救済」の希望を捨てていない。すなわち「意志の否定」であり、「迷妄」からの解脱の可能性である。ショーペンハウアーが主著で示そうとしたのは、「共苦」の瞬間や、芸術に没入するとき、あるいは宗教的禁欲によって、わたしたちは「悪」から解放されることがあるということだった。また、晩年のショーペンハウアーは『余録と補遺』で、心穏やかに人生を過ごす「幸福」について語っていた。ショーペンハウアー哲学の中心にあるのはこうした希望であり、この点で反出生主義を乗り越える可能性さえ示しているといえるだろう。

3 「歴史的なもの」からの脱出

ショーペンハウアーと「歴史的なもの」

ここまでにも幾度か見てきたとおり、ショーペンハウアー哲学は後世の多くの人々に強烈な影響を与えた。

たとえば、ワーグナーやブラームス、マーラーといった音楽家たちだ。ショーペンハウアーは芸術の諸ジャンルのなかで最も高位に音楽を置き、芸術的天才の役割を強調していた。とりわけ音楽家たちに大きな影響を与えたのは、「この世界で生きることは苦しみである」という考え方だった。

ショーペンハウアーの、虚無的で暗いと同時に、喜劇的で愉快な世界の描き方は、小説家、詩人、脚本家、エッセイスト、歴史家などの多くの文豪・著述家たちにも影響を与えている（たとえばエドガー・アラン・ポーや、ツルゲーネフ、ブルクハルト、トルストイ、エミール・ゾラ、アンドレ・ジイド、プルースト、トーマス・マンなどである）。

そして、ショーペンハウアー哲学から、後世の哲学者たちは各自の問題意識に合致する部分を抜き出し、大いに活用していった（エドゥアルト・フォン・ハルトマンや、ニーチェ、ベルクソン、ウィトゲンシュタインなどである）。

ショーペンハウアー哲学には多様な側面があるが、そのなかでも高く評価すべきことの一つは、「歴史的なもの」が盛んに重視された一九世紀ドイツにあって、むしろそれに真正面から反抗し、「歴史的なもの」からの自由を唱えたことにあると考えられる。

ショーペンハウアーがライバルとみなしていたのは、歴史哲学者ヘーゲルだった。ショーペンハウアーが主著『意志と表象としての世界』を出版し、ベルリン大学でようやく教鞭をとれるようになった頃、ヘーゲルはすでに円熟期を迎え、当代随一の哲学者として君臨し、その哲学は国家哲学と称されるまでになっていた。

ヘーゲルの哲学は、歴史の歩みを「精神の発展」の過程としてロジカルに説明するものだった。人間が非合理的な感情や本能に支配された幼年期から、理性をもった社会の一員としてふるまうことのできる青年へと成長するように、人類の歴史もまた発展してきたし、完成に向かっている。フランス革命がその証左だ。だれもがこの「歴史的なもの」の領域のなかに自らを位置づけ、人類のさらなる発展と完成に向かう「物語」の一部として生きるべきだ。この「大きな物語」は、革命の時代を生きた多くの人々にとって、希望の光に見えたのだ。だが、ヨーロッパの多くの国々で革命の夢は破れ、ヘーゲル哲学もまた保守反動体制のために利用されてしまう。ヘーゲル哲学はいずれの側面も含み持っていたのである。

ショーペンハウアーはヘーゲルの歴史哲学を毛嫌いしていた。そもそも歴史とは何だろうか。それが物語でもあるとすれば、はじまりと終わりがあるはずだ。人類はどこから来て、いかなる目的地に向かっているというのか。

ショーペンハウアー哲学の立場からすれば、歴史を歩んでいるはずの人間もみな、生きようとする意志に支配されている。そして、その意志にはそもそも目的地などないのだ。「歴史的なもの」は、生きようとする意志が目的もなく生み出した「迷妄」にすぎない。むしろショーペンハウアーが描こうとしたのは、「歴史的なもの」に回収されない自由であり、ニーチェが言うような「超歴史的なもの」だったのだと考えられる。*34

「歴史的なもの」からの自由

一八三一年にヘーゲルがコレラに倒れた後、いよいよドイツ哲学は「アイデンティティの危機」に陥った。*35 もはや哲学の語る「大きな物語」は信頼できない。歴史を語る以外に、哲学は何をすればいいというのか。こうした危機の背景には、自然科学の発達があった。自然科学の方法と成果だけが「事実の世界」を明らかにし、人類の発展を導いていく。もはや哲学には、従来のような科学の基礎づけという役割もあまり期待されなくなっていたのである。

この時代、哲学の手を離れた歴史学は、科学としての歩みを開始していた。歴史は思弁的に語られる「大きな物語」ではなく、実証可能な客観的事実の探究の成果であるべきだ。このように考えた研究者たちによってである。一九世紀は「科学の時代」と呼ばれるが、これは自然科学の発展だけを指すのではなく、歴史学のような領域さえ科学として営まれるようになった、ということを意味している。

そのなかでも、歴史学の成立にはとりわけ大きな意味がある。ヘーゲルの死後、「歴史的なもの」は影をひそめるどころか、すっかり姿を変えて、歴史主義と呼ばれる一九世紀ドイツ思想における最も大きな議論の磁場の一つを形成していったのである。歴史主義とは、概して、人間が生み出すものはすべて歴史の産物である、という立場のことだ。歴史の外部など存在しない、一切は歴史の内にあるという一つの世界観の提示でさえある。そうして歴史主義は人間のすべての歩みを「歴史的なもの」に飲み込み、「超歴史的なもの」(すなわち歴史の外部にいる神や、イデアのような形而上学的実在)の領域を減少させ、あらゆる物事を歴史のうちに相対化していく大きなうねりとなったのである。

これは決して他人事ではない。現代日本社会に生きるわたしたちもまた、そもそも歴史のはじまりや終わりを設定できていないにもかかわらず、「よりエコロジカルな社会」や「持続可能な発展」のために貢献するべきだと言われ、その実現に向かう「歴史的なもの」

のうちに自らを位置づけさせられ、いつのまにか動員されている。

一八四四年、ショーペンハウアーは主著『意志と表象としての世界』続編を刊行した。「哲学の危機」が叫ばれる「科学の時代」にあって、「歴史的なもの」を求める時代の空気を十分に呼吸しながらも、彼が再び世に問うたのは、他の哲学者たちが気にも留めなかった、いかに生きるべきかという実存的な問題だった。すなわち、わたしたちを駆り立てる「危機」や「科学」、「歴史」などの一切から、いかに自由になるか。

居場所なきものの居場所

ショーペンハウアーの哲学を学ぶことで、わたしたちは心のなかにシェルターのようなものをしつらえることができるといえる。そのシェルターは、「生きようとする意志」から、「意志」が生み出す一切の「迷妄」から自由な場所を心の内に確保してくれるものだ。

わたしたちは日々、当たり前のように頑張って生きている。自分のため、家族のため、友人や仲間のために頑張っている。学校で学び、オフィスで働き、社会の一員としてふるまう。あるいは、日本やその他の地域を豊かにするため、さらには地球全体のために頑張っているひともいることだろう。文化を愛し、経済を活性化させ、気候変動問題に対処しつつ、将来の人類社会をさらに発展させていくために尽力しているのかもしれない。

わたしたちは、現状を理解し、過去を引き継ぎ、未来に向かって努力していく、そうした「歴史」の一幕を生きている。わたしたちは必ず「歴史的なもの」のなかのどこかに所属し、何者かであることを求められる。そうして「生きようとする意志」を肯定するのである。

だが、ショーペンハウアーによれば、こうした「歴史的なもの」の一切は、「迷妄」にすぎない。わたしたちは、生きるとはどういうことなのかを哲学的に考えることを通じて、「歴史的なもの」の手から逃れ、それを生み出している「生きようとする意志」を喝破して、「意志の否定」という真理に至るべきだ。それがショーペンハウアーのメッセージである。もちろん、彼は「哲学者アルトゥール・ショーペンハウアー」としての役割を自覚しながら、一九世紀ドイツのフランクフルトの街を堂々と闊歩していた。ただしそれは「意志の否定」にもとづく処世の哲学のなせる業であり、彼の心は、いかなる時代、いかなる国にも居場所を持たずとも不動の自由を勝ち得ていたのである。

おわりに

人生は苦しみである。それが本書の出発点だった。誤解のないよう言っておきたいのだが、筆者は今幸せに生きている。ただし、これは主観的な思い込み、「迷妄」にすぎないのかもしれないとも思っている。ショーペンハウアーの言うように、客観的に考えてみるなら、人生の本質は苦しみなのだとも思う。

わたしたちは誰しもが、無限の欲望に駆り立てられ続け、人生のどこかで完全な満足に至ることなどありはしない。なるべく真面目に生きよう、善人であろうと努めていても、どこにでも無理解な他者はいるし、災害や病が理不尽に襲ってくる。何を成し遂げようとも、いつか必ず死が訪れる。

ショーペンハウアーの考えには、やはり真実がある。だからといって、幸せを感じて生きているひとを軽蔑したり、今の自分の幸せをわざわざ否定したりする必要はない。むしろ「今わたしは幸せだ」ということと、「人生は本質的には苦しみだ」ということは、両立しうるのではないだろうか。

人生が本質的には苦しみであっても、個々の場面では、さまざまな仕方で幸せを見出すことができるだろう。そして、それが思い込みにすぎなくとも、幸せを感じられるからこそ、わたしたちはなんとか生きていくことができる。たとえば筆者は、見知らぬひととの出逢いや、日々異なる顔を見せてくれる家族との時間、行ったことのなかった場所への旅路、新たな仕事や学びの機会に恵まれるたびに、少しずつとはいえ、たしかに面白味を感じることができている。生きていれば面白いことがあると思える。これがもしかしたら筆者の「内面の富」なのかもしれない（第三章第三節）。そういうわけで、なるべく長く生きていたいと思えるくらいには、筆者は幸せである。読者のあなたにも、きっとなにがしかの「内面の富」があるのではないだろうか。それをことばにして教えてくれるような、大切に育ててくれるようなだれかがあなたのそばにいることを願っている。それが幸せの源泉の一つなのだろうと思う。

はたして、そもそも幸せとは一体何だったか。主観と客観はどう関係しているのか。本書ですでに考察してきたこれらの問いが再び心に浮かんだ読者もいるかもしれない。おそらく非常に頭脳明敏で、哲学的な問題について自分で考える習慣のある方なのだと思う。

哲学を学ぶと、心の中のモヤモヤを哲学的な問いのかたちにすることができるようになる。哲学には、多くのひとがなかなか言語化できずに苦しんでいる悩みの種を、問いのかたちに変え、学びの種にする力がある。モヤモヤを哲学的な問いに変換できたとき、わたしたちの心は不思議と晴れやかになり、その問いをめぐって自ら考える探求へと向かうことができるようになる。知を愛する営みである哲学が伝統的に「魂の世話」と呼ばれ、心をケアする働きがあると言われるのはこのためだろう。本書で紹介したショーペンハウアーの思想が、哲学的に考えることの素晴らしさを知るきっかけの一つとなれば幸いである。

なお、註釈に示したとおり、本書の内容のほとんどは筆者の独創ではなく、先行研究の議論を引き受けることを試み、その成果をふんだんに活用して書かれたものである。目を引くところがあるとすれば先人の功績であり、まずいところがあるとしたら筆者の勉強不足である。解釈に異論があればぜひご指摘いただき、学びの機会をいただきたいと思う。

筆者はこれまでニーチェ哲学研究に重きを置きつつ、ショーペンハウアーについても興味を持って研究してきた。筆者が大学院生の頃から、その歩みを温かく見守ってくださっている日本ショーペンハウアー協会の皆様に、深く御礼申し上げたい。本書を通じてより多くの読者にショーペンハウアーが読まれるようになれば、わずかばかりでも皆様への恩返しになるのではないかと考えたのが、本書執筆の大きな動機の一つである。

そして、ご多用な中にもかかわらず原稿に目を通し、適切なアドバイスと出版に向けての勇気をくださった齋藤智志氏、竹内綱史氏、研究会などの場で共に学びを深めてくださっている皆様に、心より感謝申し上げたい。

そもそも本書は、講談社の小林雅宏氏にお声がけいただいたことで、はじめて執筆に至ったものである。その後も逐一相談に乗ってくださり、出版に向けて共に歩みを進めてくださった。篤く御礼申し上げたい。

最後に、人生は苦しみだと断じるこの奇怪な本を手に取ってくださったあなたの勇気とユーモアに、心からの感謝と敬意をお伝えしたい。

二〇二二年八月　梅田孝太

註釈一覧

第一章

＊1 本章執筆にあたって以下の文献を参照した。各文献の詳細は読書案内に掲載。アーベントロート（一九八三）、鎌田康男（二〇〇七）、サンス（一九九四）、ザフランスキー（一九九〇）、遠山義孝（一九八六）。また、David E. Cartwright(2017), "Becoming the Author of World as Will and Representation: Schopenhauer's Life and Education 1788-1818", in: *The Palgrave Schopenhauer handbook*, ed. Sandra Shapshay, Palgrave Macmillan.

＊2 図像：Schopenhauer in 1815. By Johann ChrisTian Ruhl. Gettyimages.

＊3 二〇一二年の映画『レ・ミゼラブル』（トム・フーパー監督、ヒュー・ジャックマン主演）を視聴するとイメージしやすい。

＊4 A. Schopenhauer, *Der handschriftliche Nachlaß*. 4-I, die Manuskriptbücher der Jahre 1830 bis 1852. Cholerabuch (1832), 36[89]. Hrsg. A. Hübscher, Waldemer Kramer, Frankfurt am Main, 1974. S. 96. 訳出に当たって以下を参考にした。須藤訓任「哲学者の揺籃——ショーペンハウアー母子の旅日記　１８０３－１８０４」、『哲学論叢』三七号、京都大学哲学論叢刊行会、二〇一〇年。一四頁。

＊5 本書ではショーペンハウアーの生涯の全体を詳細に扱うことはできない。ぜひザフランスキー（一九九〇）も参照してほしい。

＊6 鎌田康男（二〇〇七）。

＊7 ショーペンハウアーはペシミストであるよりもリアリストだといえる。齋藤智志「ショーペンハウアーはペシミストか?」『ショーペンハウアー読本』、法政大学出版局、二〇〇七年。六三頁。

＊8 ザフランスキー、上掲書、一七四頁。

＊9 Cartwright(2017), P.20f.

＊10 フィヒテの「知識学」は英語ではScience of Knowledgeだが、ショーペンハウアーの言い回しに従うならScience of Nulledgeになる。Cf., Cartwright, p. 23.

＊11 この学位論文第一版で開示されたショーペンハウアーの超越論哲学に光を当て、その枠組みを主著の解釈にあたっても重視するべきだとする研究が日本の研究者たちによって進められてきた。その成果については以下を参照。アルトゥール・ショーペンハウアー『ショーペンハウアー哲学の再構築――「充足根拠律の四方向に分岐した根について」（第一版）訳解〈新装版〉』、鎌田康男ほか訳著、法政大学出版局、二〇一〇年。また、上掲の『ショーペンハウアー読本』も参照のこと。従来のショーペンハウアー研究では第二版（一八四七年）を参照するのが通例だったが、今日では、第一版を参照してはじめてショーペンハウアー本来の素朴に「物自体」を想定しない超越論哲学が明らかになるのだという立場での研究が充実してきている。

＊12 一八一六年、ショーペンハウアーはゲーテが二〇年もの間色彩論に取り組んできたことを知りつつ、ゲーテの賛同をついに取りつけないままに『視覚と色彩について』を出版した。なお、ショーペンハウアーの色彩論への関心は生涯変わらぬものだった。一八三〇年には『視覚と色彩について』のラテン語訳（*Theoria colorum Physiologica, eademque primaria*）を学術雑誌に掲載した。また、一八五一年の『余録と補遺』第二巻には、ゲーテ生誕一〇〇年を記念したフランクフルト・ゲーテ・アルバムへの寄稿文と「色彩について」という論考を収録している。

＊13 『書簡集』（*Gesammelte Briefe*, hrsg. Von Arthur Hübscher, Bouvier, 1987, S. 654）も参照。

＊14 サンスクリット語で書かれたバラモン教の聖典にして古代インド哲学の「奥義書」であるウパニシャッドの一部が、一七世紀にムガル帝国の王子ダーラシャコーの指示によってペルシア語に訳出されたものを『ウプネカット』と呼ぶ。これをフランスの東洋学者アンクティル・デュペロンがラテン語訳したものをショーペンハウアーは手にした。

＊15 Marie-Elisabeth de Polier(1809), *Mythologie des Indous*, Roudolstadt et Paris.

＊16 Urs App(2006), "Schopenhauer's Initial Encounter with Indian Thought," in: *Schopenhauer-Jahrbuch* 87, S. 35-76. S. 57.

＊17 正確にはこの後『自然における意志について』の改訂増補版などの刊行もあるが、まとまった著作としては『余

録と補遺』が最後となった。

第二章

＊18 本書で主著を引用する際には、以下の邦訳を参考にした。『ショーペンハウアー全集』、白水社、一九七二〜七五年。『意志と表象としての世界』、中公クラシックス、二〇〇四年。主著正編からの引用の際には中公クラシックスの頁数を、続編からの引用の際には白水社版全集の頁数を付した。

第三章

＊19 国内では白水社版全集に収録。なお、各論稿のタイトルには適宜変更を加えている。

＊20 鈴木芳子訳、『幸福について』光文社古典新訳文庫、二〇一八年。本稿での引用の際、適宜変更を加えながら同書を参照して訳出した。また、読者が参照しやすいように同書の頁数を「邦訳〇頁」と付す。

＊21 図像：Schopenhauer und Butz. Von Wilhelm Busch. Gettyimages.

＊22 David E. Cartwright (2005), *Historical dictionary of Schopenhauer's Philosophy*, Scarecrow Press, p.136.

＊23 以下を参照。『読書について　他二篇』、斎藤忍随訳、岩波文庫、一九八三年。Vgl., Zürcher Ausgabe, Werke in 10 Bänden, Diogenes, 1977. Bd. X, S.538f.

＊24 以下を参照。『ショーペンハウアー　随感録』、秋山英夫訳、白水社、一九七八年。Vgl., Zürcher Ausgabe Bd. X, S.638f.

＊25 同上。Vgl., Zürcher Ausgabe Bd. X, S.655.

第四章

＊26 本節執筆にあたって以下の文献を参照した。各文献の詳細は読書案内に掲載。井上克人（二〇〇七）、茅野良男（一九七五）および（二〇〇九）、兵頭高夫（一九九〇）、藤田正勝（二〇一八）。

＊27 この定義を示すにあたって、以下の文献を参照した。森岡正博『生まれてこないほうが良かったのか？——生命の哲学へ！』、筑摩書房、二〇二〇年。

＊28 David Benatar(2006), *Better Never to Have Been: The Harm of Coming into Existence*, Oxford University Press.（邦訳：デイヴィッド・ベネター『生まれてこないほうが良かった——存在してしまうことの害悪』、小島和男・田村宜義訳、すずさわ書店、二〇一七年）。

＊29 生まれてこないほうが、苦しみを味わう生命は存在しないので、より「よい」。この考え方は、反生殖主義（「人間は子供をつくらないほうがよい」）や絶滅主義（「人間は滅んだほうがよい」）といった主張につながってくる。反出生主義＝反生殖主義とみなされることもあるが、本書ではこれらをすでに生まれてしまった者の問題とこれから生まれてくるかもしれない者の問題として区別し、ショーペンハウアーが主に論じていると思われる前者についてのみ扱うことにする。

＊30 ニーチェ『悲劇の誕生』、秋山英夫訳、岩波文庫、一九六六年。四四頁。

＊31 森岡正博、上掲書、一一三頁を参照。

＊32 主著続編第四一章、白水社版全集第七巻、邦訳七七頁。W II, Bd. II, Kap. 41. S. 649 (Suhrkamp).

＊33 主著続編第四八章、白水社版全集第七巻、邦訳二二六頁以下。W II, Bd. II, Kap. 48. S. 775, Suhrkamp.

＊34 「超歴史的なもの」についてはニーチェの『反時代的考察』第二論文「生に対する歴史の利害」を参照。

＊35 以下を参照。H・シュネーデルバッハ『ドイツ哲学史 1831-1933』、舟山俊明ほか訳、法政大学出版局、二〇〇九年。また、Frederick C. Beiser (2014), *After Hegel: German Philosophy 1840-1900*, Princeton University Press.

読書案内

ショーペンハウアーの著作

・『ショーペンハウアー全集』、全一四巻・別巻一冊、白水社、初版一九七三〜七五年（一九九六年、二〇〇四年復刊）

・『意志と表象としての世界』、全三巻、西尾幹二訳、中公クラシックス、二〇〇四年

＊以下、『余録と補遺』からの抄訳

・『幸福について』、鈴木芳子訳、光文社古典新訳文庫、二〇一八年

・『読書について』、鈴木芳子訳、光文社古典新訳文庫、二〇一三年

・『幸福について——人生論』、橋本文夫訳、新潮文庫、二〇〇五年

・『読書について——他二篇』、斎藤忍随訳、岩波文庫、一九八三年

・『自殺について——他四篇』、斎藤信治訳、岩波文庫、一九七九年

・『ショーペンハウアー——随感録』、秋山英夫訳、白水社、一九七八年（新装版一九九八年）

・『知性について——他四篇』、細谷貞雄訳、岩波文庫、一九六一年

哲学的な議論について知るための優れた入門書

・トマス・ネーゲル『哲学ってどんなこと？——とっても短い哲学入門』、岡本裕一朗・若松良樹訳、昭和

堂、一九九三年
・大森荘蔵『流れとよどみ――哲学断章』、産業図書、一九八一年
＊ただし、哲学的な議論が卓越したものであるためには、先人の議論を引き継ぎ、正確なことばづかいを学ぶ必要がある。この意味で哲学を学ぶことは歴史の勉強であり、けっして哲学史を疎かにはできない。また、ショーペンハウアー哲学を学ぶにはカント哲学にも入門する必要がある
・『哲学の歴史』シリーズ、中央公論新社、二〇〇七〜〇八年
・『世界哲学史』シリーズ、ちくま新書、二〇二〇年
・御子柴善之『自分で考える勇気――カント哲学入門』、岩波ジュニア新書、二〇一五年

ショーペンハウアー入門書

・竹内綱史「第三章　西洋批判の哲学」、『世界哲学史7　近代Ⅱ――自由と歴史的発展』所収、ちくま新書、二〇二〇年
・齋藤智志「生と哲学　ショーペンハウアー――〈戦い〉としての哲学的生」、『ヨーロッパ現代哲学への招待』所収、梓出版社、二〇〇九年
・鎌田康男「ショーペンハウアー」、『哲学の歴史　9――反哲学と世紀末』所収、中央公論新社、二〇〇七年
・遠山義孝『人と思想77　ショーペンハウアー』、清水書院、一九八六年

ショーペンハウアー哲学の概説書および伝記

・E・サンス『ショーペンハウアー』、文庫クセジュ（白水社）、一九九四年
・R・ザフランスキー『ショーペンハウアー――哲学の荒れ狂った時代の一つの伝記』、法政大学出版局、一九九〇年
・W・アーベントロート『ショーペンハウアー』、ロロロ伝記叢書、理想社、一九八三年

ショーペンハウアー哲学の研究書

・齋藤智志・高橋陽一郎・板橋勇仁編、『ショーペンハウアー読本』、法政大学出版局、二〇〇七年
　＊ショーペンハウアーの認識論、自然哲学、倫理学、芸術論、宗教論など多岐にわたるトピックについての研究書
・G・ジンメル『ジンメル著作集　第五巻――ショーペンハウアーとニーチェ』、吉村博次訳、白水社、一九七五年（新装復刊、二〇〇四年）

ショーペンハウアーの学位論文について研究する際の必読書

・鎌田康男・齋藤智志・高橋陽一郎・臼木悦生訳著『ショーペンハウアー哲学の再構築〈新装版〉』、法政大学出版局、二〇一〇年

ショーペンハウアー哲学における観念論と実在論の矛盾についての研究書

・高橋陽一郎『藝術としての哲学――ショーペンハウアー哲学における矛盾の意味』、晃洋書房、二〇一六年

ショーペンハウアーの実践哲学および政治思想についての研究書

・伊藤貴雄『ショーペンハウアー　兵役拒否の哲学――戦争・法・国家』、晃洋書房、二〇一四年

・遠山義孝、上掲書

ショーペンハウアーの自由論についての研究書

・板橋勇仁『底無き意志の系譜――ショーペンハウアーと意志の否定の思想』、法政大学出版局、二〇一六年

ショーペンハウアーの倫理学についての研究書

・ミヒャエル・ハウスケラー『生の嘆き――ショーペンハウアー倫理学入門』、峠尚武訳、法政大学出版局、二〇〇四年

ショーペンハウアーとインド哲学とのかかわりについての研究

・『ショーペンハウアー研究』第三号（湯田豊「ショーペンハウアーとインド哲学」、一九九七年）、第六号（橋本智津子「ショーペンハウアーとウプネカット――ウプネカットにおける自己認識の問題を中心に」、

二〇〇一年)、第九号(松濤誠達「ウパニシャッドとは何か――ショーペンハウアーの理解をめぐって」、二〇〇四年)、日本ショーペンハウアー協会

・湯田豊『ショーペンハウアーとインド哲学』、晃洋書房、一九九六年

・兵頭高夫『ショーペンハウアー論――比較思想の試み』、行路社、一九八五年

日本におけるショーペンハウアー受容についての研究

・茅野良男「日本におけるショーペンハウアー」、『ショーペンハウアー全集 別巻』所収、白水社、一九七五年(新装復刊一九九六年)

・『ショーペンハウアー研究』第一二巻(井上克人「明治期におけるショーペンハウアー哲学の受容について――井上哲次郎、R・ケーベル、三宅雪嶺に見る本体的一元論の系譜」、二〇〇七年)、第一四巻(茅野良男「日本におけるショーペンハウアーの受容とその課題(その一)」、二〇〇九年)、日本ショーペンハウアー協会

・兵頭高夫「日本におけるショーペンハウアー受容の問題――ケーベルを中心に」、『武蔵大学人文学会雑誌』二一巻第一号・第二号、一九九〇年

＊より広く日本における西洋哲学の受容については以下を参照

・藤田正勝『日本哲学史』、昭和堂、二〇一八年

講談社現代新書　2678

今《いま》を生《い》きる思《し》想《そう》
ショーペンハウアー　欲《よく》望《ぼう》にまみれた世《せ》界《かい》を生《い》き抜《ぬ》く

二〇二二年九月二〇日第一刷発行　二〇二四年八月二三日第三刷発行

著　者　梅《うめ》田《だ》孝《こう》太《た》　

発行者　森田浩章
発行所　株式会社講談社
東京都文京区音羽二丁目一二—二一　郵便番号一一二—八〇〇一
電　話　〇三—五三九五—三五二一　編集（現代新書）
〇三—五三九五—四四一五　販売
〇三—五三九五—三六一五　業務
装幀者　中島英樹／中島デザイン
印刷所　株式会社ＫＰＳプロダクツ
製本所　株式会社国宝社
定価はカバーに表示してあります　Printed in Japan

N.D.C. 134.6　125p　18cm
ISBN978-4-06-529602-8

「講談社現代新書」の刊行にあたって

教養は万人が身をもって養い創造すべきものであって、一部の専門家の占有物として、ただ一方的に人々の手もとに配布され伝達されうるものではありません。

しかし、不幸にしてわが国の現状では、教養の重要な養いとなるべき書物は、ほとんど講壇からの天下りや単なる解説に終始し、知識技術を真剣に希求する青少年・学生・一般民衆の根本的な疑問や興味は、けっして十分に答えられ、解きほぐされ、手引きされることがありません。万人の内奥から発した真正の教養への芽ばえが、こうして放置され、むなしく滅びさる運命にゆだねられているのです。

このことは、中・高校だけで教育をおわる人々の成長をはばんでいるだけでなく、大学に進んだり、インテリと目されたりする人々の精神力の健康さえもむしばみ、わが国の文化の実質をまことに脆弱なものにしています。単なる博識以上の根強い思索力・判断力、および確かな技術にささえられた教養を必要とする日本の将来にとって、これは真剣に憂慮されなければならない事態であるといわなければなりません。

わたしたちの「講談社現代新書」は、この事態の克服を意図して計画されたものです。これによってわたしたちは、講壇からの天下りでもなく、単なる解説書でもない、もっぱら万人の魂に生ずる初発的かつ根本的な問題をとらえ、掘り起こし、手引きし、しかも最新の知識への展望を万人に確立させる書物を、新しく世の中に送り出したいと念願しています。

わたしたちは、創業以来民衆を対象とする啓蒙の仕事に専心してきた講談社にとって、これこそもっともふさわしい課題であり、伝統ある出版社としての義務でもあると考えているのです。

一九六四年四月　野間省一